교정에서 피어난
민주화의 바람

내 생애 속 인천 ❶
교정에서 피어난 민주화의 바람

2025년 12월 10일 처음 펴냄

지은이	이세영 강태욱
펴낸이	김영호
펴낸곳	도서출판 동연
등 록	제1-1383호(1992. 6. 12.)
주 소	서울시 마포구 월드컵로 163-3
전화/팩스	02-335-2630 / 02-335-2640
이메일	yh4321@gmail.com
인스타그램	instagram.com/dongyeon_press

Copyright ⓒ 이세영 강태욱, 2025

이 책은 저작권법에 따라 보호받는 저작물이므로 무단 전재와 복제를 금합니다.
잘못된 책은 바꾸어드립니다.

ISBN 978-89-6447-063-3 04040
ISBN 978-89-6447-448-8 04040('내 생애 속 인천' 시리즈)

내 생애 속 인천 1

교정에서 피어난 민주화 바람

이세영 강태욱 지음
양진채 감수

이세영 강태욱 편

동연

책을 펴내며

철쭉이 만발할 때 시작했던 자서전 쓰기가 감이 붉게 익는 겨울 초입에 장장 네 권의 책으로 출판되었습니다.

처음 프로그램을 시작하면서 이 자서전 쓰기는 내 이야기이며 우리의 이야기이자 이 사회가 어떻게 변해왔고, 역사가 되었는가에 대한 성찰이기도 하다고 했습니다. 제가 이 프로그램에 함께한 이유이기도 하고, 선배님들이 그 어려운 자서전을 끝내 만만치 않은 분량으로 완성해 낸 이유이기도 합니다.

이번 자서전 쓰기에 참여한 선배님들은 노동 현장, 교육 현장에서, 종교계, 혹은 복지 현장이나 사회조직에서 누구보다 치열하게 살고 싸워왔던 분들입니다. 이분들의 이야기야말로 인천 사회운동 역사의 기록이며, 이 사회가 어떻게 한 걸음 더 발전해 왔는지 살아 있는 증언이기도 합니다. 그래서 이 자서전은 특별합니다.

누구나 이렇게 살 수 있었던 삶이 아닙니다. 사회를 변혁시키기 위해 자신이 선 자리에서 싸워야 했고, 구속을 감수해야 했고, 악랄한 폭력과 고문을 견뎌야 했던, '나'가 아니라 '우리'를 위해 살아온 삶의 기록입니다. 그래서 저는 원고를 정리하는 동안 때때로 가슴 벅찼고, 뭉클해졌고, 숙연해졌습니다.

이세영 선생님은 선인재단 비리를 밝혀내고 정상화하는 싸움에 앞장서면서 소위 운동의 길로 들어선 경우입니다. 이 길로 들어서려고 들어선 게 아닌데 들어온 뒤로는 누구보다 열심히 교육계뿐만 아니라 인천에서 일어나는 대부분의 사회문제에 조직 대표 이름을 걸고 앞장서신 분입니다. 자서전 쓰기도 교육계에 몸담았던 선생님답게 바른 자세로 아주 열심히 자료를 찾아가며 개인의 기록을 공적화했습니다. 덕분에 그 말 많던 선인학원 정상화 싸움을 일지를 보듯 소상하게 알 수 있었습니다. 선생님을 필요로 하는 자리라면 지금도 마다하지 않고 나서서 주민자치 등을 실현해 내는 모습은 많은 이의 귀감이 되리라 생각합니다.

강태욱 선생님은 이세영 선생님과 반대로 짧은 시간 내에 일목요연한 자서전을 쓰셨습니다. 역시 12년가량 교육계에 몸담았고, 이후 여러 활동을 했는데 민족문제에도 관심이 많아 해외에서 생활하며 느낀 한국의 디아스포라에 관해 최근 책을 펴내기도 했습니다. 이 사회의 흐름과 궤를 같이하진 않았지만 본인이 중요하다고 믿는 일에는 흔들림 없이 강단 있게 직진하신 분입니다.

선배님들의 글을 보며 "우리는 어떤 사회를 만들고자 했는가" 다시 물었습니다. 이 물음은 지금도 유효하다고 생각합니다. 우리 사회의 공통 가치를 실현해 나가며 더 나은 사회를 만드는 데 이 책이 좋은 지침이 되길 바랍니다.

1970, 80년대를 누구보다 앞장서 싸워왔던 선배님 중 많은 분이 미처 삶을 기록하지 못한 채 몸과 마음이 불편해졌습니다. 그분들의 삶을 진즉에 기록하지 못한 것은 정말 안타까운 일입니다. 그런 의미에서 이 책의 모태가 된 부평도서관의 기획 프로그램은 '한 운동가의 기록을 사회의 역사'로 만든 소중한 자산이라 생각합니다. 무엇보다 더 늦기 전에 삶을 기록하려고 투쟁하듯 글을 쓰신 선생님들께 깊은 경의를 표합니다.

감수자 소설가 양진채

차례

책을 펴내며   5

1부 ｜ 회상 _ 이세영

I. 나의 성장 과정   13
  집안 내력   13
  어린 시절의 추억   17
  국민학교 시절, 단란했던 가정 생활   21
  중학교 시절을 보내며   26
  파란만장했던 고등학교 시절   29
  성균관대학교에 다니며 방황하다   40
  무술, 단전호흡 수련을 하다   51
  인천에서의 생활   54

II. 선화여중에서의 교사 생활   60
  선화여중 교사 부임   60
  선인학원의 실상   64
  선인학원 분규의 시작   70
  범 선인학원정상화추진위원회의 재단 정상화 투쟁   85
  교수, 교사의 파면과 분규의 확산   94
  범시민적 투쟁의 전개   101

III. 선인학원 초중고등학교의 공립화   118
  선인학원 공립화 이후의 생활   118

IV. 의제 활동   136
   계계양의제21 준비위원회   136
   계양의제21 추진협의회   140
   계양의제21 실천협의회 파행   148
   계양의제21 실천협의회 정상화   155
   인천의제21 실천협의회 활동   165

V. 인천 지역 시민사회 활동   166
   계양 지역에서의 활동   166
   공무원, 교수 노동기본권 쟁취를 위한 인천지역공동대책위원회 활동을 하다   166
   인천 지역에서 시민사회 활동   168
   7대 종단 종교인 금강산을 방문하다   172
   그리운 어머니   174
   부평구에서 위원회 활동   176
   남북평화재단 경인본부에서 활동하다   177
   기본소득국민운동 인천본부 상임대표로 활동하다   181
   청천1동주민자치회에서 활동하다   183

VI. 글을 마무리하며   187

이세영 연표   190

2부 ㅣ 이렇게 살아왔습니다 _ 강태욱

출생과 어린 시절 195
청소년 시절 198
고등학교를 졸업하고 청년 시절을 되돌아보며 201
해외에서 활동을 하다 210
먹거리에 대한 작은 추억 213
귀국 후 생활 215
교회를 다니면서 안 좋은 기억도 218
국내에서 한인 입양인을 만나 협조를 하다 220
시민사회 활동과 생활 정치를 하다 222
운동초심을 비롯, 인천 시민사회단체에 발을 들이다 227
협동조합을 세워서 운영하다 230
일상으로 돌아와서 235
아버지 기일에 고향을 방문하다 237
조합 운영이 활성화되길 바라며 238

강태욱 연표 248

1부

회상

이세영

I. 나의 성장 과정

집안 내력

우리 집안을 보면 친가 쪽은 고성 금강산 밑에 사셨다고 한다. 집안이 상당히 부유하여 큰어머니가 시집을 올 당시에 조부가 소유하고 있는 땅만 밟고 다녔다고 한다. 그런데 6.25전쟁이 발발하고 이북에서 피난을 나오다 조부는 돌아가셨고 조모만 내려오셨다. 조부에 대한 자세한 정보는 확인할 수 없었다. 북에서 남으로 내려오신 분들은 호적을 확인할 수 없다고 한다.

고성이 남북으로 갈라졌기 때문에 금강산 부근에 있는 상당 부분의 토지를 북한에 남기고 피난 오셨다. 아버님 형제들은 남자 형제 세 분과 고모님 두 분이 남한으로 내려오시고, 고모님 한 분은 북한에서 내려오지 못하셨다고 한다.

남으로 내려오신 큰아버님은 묵호에, 작은아버님과 큰고모님은 강릉에, 작은고모님은 평택에 정착하셨다. 작은아버님이 할머니를 모시고 살았다고 한다.

아버님은 1942년 5월 분가하여 호주가 되셨다. 생활을 어떻게 하셨는지 알지 못한다. 단지 아버님은 앨범이 남아 있어서 확인을 해보니 '소화 17년 3월 경성전기학교 토목부 졸업'이라 되어 있음을 보았다. 소화 17년은 1942년이다. 아버님이 1919년생이니 23세에 학교를 졸업하신 것이다.

상당히 늦게 학교를 다니셨다. 경성전기학교 토목부를 졸업하시고 충북에서 수리조합에 토목기사로 근무하셨던 것으로 알고 있다. 아버님은 돌아가실 때까지 증평, 진천, 이월 등에서 근무하시면서 충북 관내에 저수지를 건설하셨다. 지금도 저수지 건설 사진을 가지고 있다.

이처럼 친가는 6.25전쟁으로 할아버님이 피난하는 과정에서 돌아가시고, 또 토지의 대부분이 북한 지역으로 들어갔다. 남한에도 땅이 있었다. 고성국민학교 앞에는 우리 논이 3,000평 정도 있었다. 그 논은 소작을 주어서 수원에 살 때에는 가을에 추수하면 매년 쌀을 몇 가마씩 보내왔었다.

부모님 두 분이 언제 결혼하셨는지 알지 못한다. 제적등본에 보면 1909년 9월 13일 결혼을 신고한 것으로 되어 있다. 아버님이 태어나기 10년 전이니 옛날 호적이 얼마나 엉터리인지 알 수 있다. 결혼한 후에는 아버님이 근무하시는 수리조합 관사에서 생활하신 것으로 알고 있다.

나는 1953년 10월 증평에서 태어났다. 호적에는 경기도 수원시 세류동에서 태어난 것으로 되어 있다. 1958년 9월 출생신고를 한 것으로 기록되어 있다.

외조부는 1906년 8월 태어나셨다. 본적은 서울 종로구 명륜동이다. 제적등본 상에는 경기도 수원군 수원읍 매산정 삼정목에서 전적한 것으로 되어 있다. 1937년 3월 신고하여 본 호적으로 편제되었다.

내가 어릴 때부터 기억하는 외가는 처음부터 수원 고색이(지금의 수원시 고색리)에 있었다. 외조부는 1921년 11월 외증조부 사망으로 호주가 되셨다. 제적등본을 보면 수원에서 살다가 서울 명륜동으로 이사하셨다. 본적이 수원에서 서울로 바뀌었다. 그 후 다시 수원으로 이사하셨다. 언제 이사를 했는지 그 내용은 확인할 수가 없었다. 재적등

본 일부 글씨가 확인할 수 없을 정도로 훼손되어 있었다.

외조부는 외조모와 혼인하시고 1923년 11월 혼인 신고를 하셨다. 그리고 어머니 형제는 딸만 여섯 명이 태어났다. 그리고 외조모는 사망하셨다. 원인은 알 수 없다. 그래서 외조부는 재혼하셨고 1942년 8월 다시 혼인 신고를 하셨다. 1994년 4월 수원시 권선구 고색동에서 사망하셨다.

외가는 수원에 엄청나게 넓은 농지와 신갈에 선산을 가지고 있으셨다고 한다.

그런데 외조부는 눈이 좋지 않으셨던지 실명을 하셨다. 그러면서 수원으로 이사를 하신 듯하다. 외조모의 사후에 재가를 하셨는데 또 딸을 낳아서 딸만 7명이 되었다. 어머니는 1928년 생으로 서씨 집안의 셋째딸이었다.

외조모 사후에 아마 아들이 없어서 외조부가 재혼하시고 아들이 태어날 것을 바라다가 막내 이모가 태어났다. 그래서 서씨 집안에서 양자를 들여 1954년 3월 입양 신고를 했다. 이런 상황이라 아무래도 다른 이모들과 막내 이모와 사이는 그렇게 좋은 것 같지 않았다.

외삼촌과의 관계도 아주 좋은 것은 아니었다. 내가 어렸을 때 듣기로는 외삼촌이 젊을 때 사업을 한다고 하시면서 논밭을 팔고, 선산도 처분하면서 재산을 거의 탕진했다고 한다. 무슨 특허를 낸다 하시면서 다니시고 그 당시에 그랜저 승용차를 타고 다니셨다고 들었다.

이렇게 외가는 외조부의 실명으로 인하여 제대로 재산 관리를 하지 못하신 것 같다. 또한 양자인 외삼촌의 사업 실패로 재산을 탕진했다. 외삼촌도 아들 없이 딸만 하나 있었다. 외삼촌은 1959년 결혼을 하셨는데 아들을 낳지 못하자 1969년 이혼하셨다. 그리고 1969년 6월 재혼을 하였는데 또 딸 둘을 낳게 되었고, 나이가 들어서는 상당히 어렵게 사셨다.

외조부는 상당히 교육도 많이 받고 유능한 분이셨다고 한다. 새로운 물건들을 창안하여 발명하기도 하셨다고 어머니에게 들었다. 어렸을 적이라 무엇인지 잘 기억이 나지 않는다. 그리고 젊은 시절에 실명을 하셨지만 후에도 여러 가지 일을 잘 관리하고 처리하셨던 것으로 생각한다.

어머니는 서울 명륜동에 사시면서 학교를 다니신 것 같다. 어머니 학교 다닐 때 성적표를 내가 가지고 있었는데 이사를 몇 번 다니면서 어디에 들어가 있는지 모르겠다. 성적표를 보면 학업성적이 매우 우수했다. 어머니는 교육에 대한 열망이 상당히 높으셨던 것 같다. 1930년대 여자가 학교를 다녔다는 것은 보통 결심이 아니면 쉽지 않을 것이라고 생각된다. 당시에는 외가의 재산 상태도 좋았다.

외가는 내가 어렸을 때 양봉을 하였는데 외조부는 나이가 많고 실명을 하신 상태였지만 직접 벌통을 관리하고, 양봉에 대한 이런저런 지시를 하시곤 하셨다.

어머니가 70세 정도 되셨을 때 외가에서 가지고 있었던 땅이 발견되었다. 그리고 어머니가 그 때문에 서울에 있는 변호사 사무실에 다니신다는 말을 들었다.

수원 평동에 외가 땅이 있었는데 도로로 편입되면서 보상을 받지 못했던 토지라는 말을 들었다. 그것이 발견되어 정부에서 보상을 받을 수 있다고 했다. 어머니 혼자서 이것을 해결하기 위해서 많은 노력을 하셨다. 어머니가 나이는 드셨지만 모든 일을 잘 처리하셨다. 돈에 관련된 것이기 때문에 나는 관여하지 않았다. 모든 일은 어머니가 하셨다. 내가 어머니를 모시고 살던 때였다.

다른 이모들도 계셨지만 어머니가 다니시면서 일을 처리하셨다. 그 토지를 찾아 상속을 받기 위해서는 형제분들 모두의 동의가 필요했고 필요한 서류를 제출해야 했다. 그래서 이모들과 외삼촌에게 관련 서류도 받고 하셨던 것으로 기억한다.

이 과정에서 외삼촌이 본인이 생활이 어려우니 그것을 자기에게 넘겨달라고 하셨다. 외가의 재산을 탕진한 책임이 외삼촌에게 있었기 때문에 어머니는 거절하셨다. 둘째 이모님은 일찍 돌아가셨고 아들이 한 분 계셨는데, 그 형님도 일찍 돌아가셨다. 상속인 그 형님 자녀를 찾기 위해 노력하셨고, 고생하신다는 이야기를 들었다.

어머니의 노력으로 외가의 토지가 도로로 편입된 부분에 대한 정부의 보상을 받았다. 이렇게 찾은 보상을 받은 금액이 얼마나 되는지 정확히는 모르겠지만 그 액수가 적지 않았다고 들었다. 당시 어머니는 신장이 좋지 않으셔서 신장 투석을 받으러 다니셨다. 어머니는 나에게 자식들에게 부담을 주지 않고 죽을 때까지 스스로 해결하겠다는 말씀을 하셨다. 그렇다면 외가의 재산이 어느 정도이었는지 대충 짐작을 해볼 수 있을 것이다.

어린 시절의 추억

어머님 말씀을 들으면 어느 날 아버님이 선을 본다고 집으로 찾아오셨다고 한다. 처음에는 아버님을 뵌 모습이 후줄근하고 초라해 보였다고 나에게 말씀하셨다. 그렇게 인상적이었던 것 같지는 않다. 더군다나 아버님과 나이 차이가 9년이 되었으니까. 그렇게 두 분이 중매결혼을 하셨다.

우리 형제는 형과 나, 여동생 두 명 등 4남매였다. 1949년 형님이 태어나셨고, 내가 1953년 10월 충북 증평에서 태어났다. 그 당시 아버님께서는 충북 증평 수리조합에서 토목기사로 근무하셨고, 부모님이 관사에서 생활하셨던 때였다. 증평에서 태어났지만 어린 시절 수원에서 생활했다.

내 기억으로는 어렸을 때 외가에서 지냈던 생각이 난다. 형과 같이 고색이(고색동)에 있는 외갓집에서 생활하게 되었다. 대문 옆에 있는 사랑방에서 지냈다. 이때 외할아버지는 실명 상태였고, 외할머니가 생활을 돌보아 주셨다. 이때 외할머니의 모습은 아주 자상하게 외손주를 돌보아 주시던 모습은 아니었던 것 같은 생각이 든다. 외할머니가 직접 낳은 딸의 외손주가 아니었으니 그런 것이었겠지 하는 생각이 든다.

외갓집에서 얼마나 있었는지 정확하게 기억이 나지 않지만 오랫동안은 아닌 것 같다. 밤에 심심하면 논 옆에 물을 대기 위해 만들어놓은 수로에서 우렁이를 잡아 삶아서 고추장에 찍어 맛있게 먹곤 했다.

어릴 때 살던 곳이 수원시 세류동이다. 이곳이 본적으로 되어 있다. 지금 기억나는 것은 3~4살 때의 기억이라 아스라하지만 동네 옆에 철길이 있었으며, 철길이 논밭보다 높이 언덕 위에 있었다. 이런 철길 방죽에서 동네 형들이 불을 놓고 했었던 기억이 있다. 그리고 마을에서 형들이 굴렁쇠를 굴리면서 놀면 나도 한번 굴려보고 싶어 졸졸 따라다니곤 했다.

동네에서 한 아이가 머리에 혹 같은 것이 났었다. 그것을 치료하려고 하자 그 아이는 도망갔지만 결국은 잡혀서 머리를 째고 고름을 제거했다. 그때 그 아이가 아프니까 소리소리 지르던 일이 생각난다. 그것을 보면서 나도 아픈 것 같은 느낌이 들고 움찔거리며 겁이 났던 기억이 있다.

3~5살 정도 되었을 때일 것이다. 특별히 좋아하는 놀이보다는 동네 친구들이나 형들을 따라다니면서 노는 것이 좋았던 것이라고 기억한다. 그렇게 동네에서 또래들과 어울려 놀았다. 그러면서 어린 시절에 주위 사람들과 함께 어울려 살아가는 것을 알아 나갔던 것이었다고 생각한다.

이렇게 지내던 하루는 집에 도둑이 들어서 안방에 있던 재봉틀이 없어졌는데 틀은 그대로 있고 재봉틀 몸체만 빼서 가져갔다. 안방에 외부로 접하는 나무로 된 쪽문이 있었는데 그곳을 뜯고 들어와서 훔쳐갔다. 그것을 발견하고 어머니와 같이 파출소에 가서 신고를 했다.

집에는 담도 없었고 안방에 있는 쪽문이 외부에 그대로 노출되어 있었다. 이렇게 도둑을 맞으면서 어머니와 나는 상당히 겁을 먹었다. 지금까지 내 기억에 남아 있다는 것은 어린 나 자신에게는 상당히 충격적인 일이었다는 생각이 든다.

나중에 그 문은 강철로 덧붙여서 수리했다. 이 재봉틀이 그 당시에는 상당히 중요한 재산의 하나였을 것이다. 어머니는 재봉틀을 이용하여 웬만한 옷이나 가정에 필요한 물품들은 직접 만들어서 사용하셨다.

내 옷도 만들어 주시곤 했다.

당시 어머니는 다른 일을 하지 않으시면서 아버님의 수입으로 생활하시는 평범한 가정주부였고, 상당히 자상하시고 여성스러운 분이셨다. 이렇게 파출소에 가서 도난 신고를 했지만 해결된 것은 없고 도난당한 재봉틀도 찾지 못했다.

여섯 살 때 세류동에서 매산동 매산시장 옆으로 이사하였다. 60평 정도 되는 방 4개와 마당이 있는 ㄷ자 모양의 아담한 단독주택이었다. 마당에는 화단이 조성되어 있어서 채송화라든지 분꽃, 석류 같은 것을 심어서 가꾸던 생각이 난다. 가을이 되어 석류 열매가 열리고 익으면 그것을 따서 새콤달콤한 씨에 둘러싸여 있는 석류 과육을 맛있게 먹던 생각도 난다.

이사를 오자마자 내 또래의 동네 아이와 싸웠던 기억이 있다. 시장으로 들어오는 길이 있었는데 그 맞은편 집에 사는 아이였다. 꽤 넓은 골목길이었다. 새로 이사를 오니 텃세가 심해 싸움이 일어났다. 어렸을 때니 치고 박고 싸운 것이 아니고 말로 시비가 붙고 말싸움 끝에 그 친구가 울면서 싸움이 끝났던 것으로 기억에 남아 있다.

차가 다니는 신작로 길가에는 중앙병원, 은하수목욕탕 등이 위치하고 있었다. 중앙병원은 거주하는 집이 우리 집과 담장으로 접하고 있었다. 옛날에는 집에 목욕할 공간이 없었기 때문에 목욕을 하기 위해서는 대중목욕탕을 가야 했다. 그래서 그곳을 자주 사용했고, 당시 은하수목욕탕에는 ―나는 사용해 보지 못했지만― 가족실이 있었다.

목욕탕에 많은 사람들이 사용하게 되면 욕조 물 위에 때가 떠 있게 되는데 물을 갈기보다는 잠자리채 같은 것으로 물 위에 떠 있는 때를 걸어내던 것이 기억에 남아 있다. 당시에는 그것이 더럽다거나 비위생적이라는 생각 자체가 없었다.

어머니가 밥을 하든지 국을 끓이든지 하고 있으면 옆에 붙어 앉아서 이것저것 참견하던 것이 생각이 난다. 얇은 철판으로 만든 간이 화덕에 불을 때서 밥을 하면 옆에 앉아 나무를 집어넣기도 했다. 나는 마음이 상당히 약한 편이었다. 한번은 집에서 키우던 닭을 잡아먹었는데 내가 모이도 주고 키우던 것이라 도저히 먹지 못했고, 그 후에도 닭고기를 한동안 먹지 못했다.

내가 수원에 살았던 어린 시절에 아버님은 한 달에 한 번이나 두 달에 한 번씩 올라오셨다가 바로 내려가셨다. 어머니가 충청북도 이월에 내려가 계시기도 하였다. 이때는 나도 방학하면 이월 내려가서 있다가 올라오기도 했다. 그러니 아버님을 어려워했으며 아버님을 대하는 시간이 많지 않았다. 아버님과 대화할 수 있는 시간도 거의 없었다. 내가 고등학교 2학년 초에 돌아가셨기 때문에 아버님에 대해서는 잘 알지 못했다.

국민학교 시절, 단란했던 가정 생활

1959년 3월 매산국민학교에 입학했다. 집에서 매산국민학교까지는 약 1.5km 정도 되었다. 항상 걸어 다녔고, 걸어서 30분 이상 걸렸을 것이라 생각한다. 어린아이가 천천히 놀면서 걸어 다녔을 것이니 1시간 가까이 걸렸을 수도 있다.

국민학교 때 기억은 별로 없다. 내가 3, 4학년 때 학교에 가는 것이 싫었던 기억이 있다. 그래서 아침에 집에서는 학교에 간다고 나가서 학교에 가지 않았다. 학교에 뒷산이 있었는데 산에 올라가서 혼자 놀다가 수업이 끝나고 아이들이 돌아가는 것이 보이면 집으로 돌아왔다. 무엇 때문에 얼마나 그랬는지는 기억이 없다. 그것이 문제가 됐던 적이 한 번도 없었다.

아버님이 충북 이월에서 수리조합에 근무하실 때 어머님이 내려가서 이월 관사에서 1~2년 정도 생활을 하셨다. 방학을 하면 부모님이 계시는 이월에 내려가 여름에는 동네에 저수지에서 내려오는 물이 흘러가는 냇가에 형과 같이 나가 유리 어항을 사용해서 송사리 등을 잡았다.

하루 종일 물가에서 놀면서 잡은 물고기 배를 따서 말려 놓았다. 저녁 무렵 관사로 가지고 들어오면 어머니가 튀김을 해주셔서 맛있게 먹곤 했다. 튀김을 했던 작은 솥이 기름과 그을음으로 새까맣게 코팅한 것처럼 변해있던 기억이 난다.

겨울에는 고구마를 통으로 구워 먹거나 썰어서 구워 먹기도 했다. 순회하는 영화 상영을 하는 업자가 커다란 천막을 치고 동네 사람들을 모아 영화를 상영하기도 했다. 또한 서커스가 들어와 천막에서 공연을 하면 재미있게 보곤 했다.

이때 어머니가 편물기계를 가지고 계셨다. 그래서 다른 사람들에게 주문을 받아 털실로 털옷을 만들어 주기도 하셨고, 나에게도 스웨터를 만들어 주시곤 했다. 내가 어렸을 때 노란색을 좋아해서 노란색 옷을 짜주시기도 했다.

수원 우리 집은 안방과 건넌방 사이에 커다란 마루가 있었다. 마루를 반 정도 나누어서 칸막이를 하고 우리와 건넌방에 세들은 할머니가 같이 사용했다. 그리고 마루와 마당 사이에 나무로 만들고 유리를 낀 분합문을 여러 개 설치하여 마당과 마루를 차단하며 문을 닫도록 되어 있었다. 미닫이문이었다.

한번은 어두워지는 초저녁 밤이었는데 갑자기 안방과 부엌 쪽에 연결된 작은 여닫이문 쪽에서 불이 난 것이었다. 방에 있다가 밖이 밝아지니 바로 나가서 빠르게 조치를 취해 불을 곧바로 끈 적도 있었다.

어머니는 동물을 별로 좋아하지 않았다. 어머니가 하시던 말씀을 들은 기억에 예전 집에 고양이가 있었다고 했다. 그런데 밤에 고양이가 돌아다니는 것이 싫어서 부엌에 집어넣고 문을 닫았다고 한다. 부엌문은 나무로 된 미닫이문이었는데 빽빽하고 무거워서 열고 닫기에 힘들었다.

새벽에 어머니가 무슨 소리가 들리기에 깨셨다고 한다. "문 열어 문 열어" 하는 소리가 들리면서 손톱 같을 것으로 분합문을 박박 긁는 소리가 들리더라는 것이었다. 동이 트기 전 어두운 새벽에 그런 소리가 들리니 무서워서 일어나지 못하고 계셨다고 한다.

날이 밝고 나서 건넛방 할머니에게 새벽에 솥을 닦지 않으셨느냐고 물어보았더니 그런 일을 하지 않으셨다고 말씀하셨다고 한다. 그날 아침에 일어나서 부엌에 들어가 보니 고양이가 없어졌고, 다시는 나타나지 않았다. 그 이후에 우리 집에서는 동물을 키우지 않았다.

학교에서 우유를 먹던 생각이 난다. 집안 경제적인 사정이 여유가 있었는지 학교에서 우유를 신청해서 먹었다. 당시에는 우유를 먹던 학생이 얼마 없었다. 수업 시간에도 유리병에 들어있는 우유가 복도에 배달되어 오면 교실에서 나가 먹곤 했다. 어떤 아이들은 우유를 먹으러 나올 때 몰래 쫓아 나와서 우유를 달라고 하면 주기도 했다. 우유를 급식으로 나오던 옥수수빵과 바꿔서 먹기도 했다.

겨울이 되면 구슬치기, 딱지치기, 비석치기, 자치기 등을 하고 놀았다. 추운 겨울에 밖에 나가서 놀다 보니 항상 손이 트거나 갈라지곤 했다. 그러니 아무리 손을 닦아도 깨끗하지 않고 때가 제대로 벗겨지지도 않았다. 그래서 물을 데워서 세숫대야에 넣고 뜨거운 물에 손을 불려 때를 벗기곤 했다. 그래도 제대로 닦이지 않았다.

그리고 6학년 때는 교감 선생님에게 과외 공부를 했었다. 기억하기로는 송기화란 친구 집에서 밤에 과외 공부를 했는데 과외가 끝나고 나서 집까지는 5분 정도로 가까운 거리였다. 친구들과 장난을 하면서 분필 가지고 끝을 파고 거기에 초를 넣고 불을 붙여 다녔던 생각이 난다.

그것이 가능했는지는 지금도 잘 모르겠다. 단지 그런 기억들이 남아 있다. 국민학교 시절에 공부를 잘하는 편이었다고 생각한다. 그래서 집에서 수원에서 서울로 유학을 보내셨겠지만. 어머니가 교육에 관심이 많으셨다는 생각이 든다. 서울 성동중학교에 지원하여 입시를 치른다.

나는 학교에 대하여 몰랐었는데 서울에는 공립학교가 경기, 경복, 서울, 용산중학교 등이 있었고, 여기에 5대 공립이라고 하여 성동중학교가 있었다. 매산국민학교에서 대부분 친구는 수원에 있는 중학교에 입학했다.

그 당시에는 중학교에 들어가기 위해서는 입학시험을 보고 들어갔다. 나는 서울에 있는 성동중학교에 시험을 보고 합격하여 진학하게 된다. 후에 학교 평준화를 하면서 전국에서 많은 학교가 폐교되어 없어지게 되었다.

그 당시 사회적으로 큰 문제가 되었던 입학시험에서의 에피소드가 있다. 1964년도 서울 전기 중학교 입학시험에서 출제된 엿기름이 녹말을 당분으로 변화시키는데 엿기름 대신 넣어도 좋은 것은 무엇인지 찾는 문제였고, 정답은 '다이스타제'였는데, "다른 보기에 있는 '무즙'에도 다이스타제가 들어있다"고 학부모들이 문제를 제기하여 승소하는 일이 일어났다. 나는 디아스타제란 정답을 맞혔고, 내 시험에는 영향이 없었다.

꼬리 문 소동… 자연[1] 18번 "무즙 엿 먹어보라"
낙방 자모(姉母)들 엿 들고 시위

전기 중학 입시 때 과학 18번 문제 정답 '다이아스테이스' 대신 '무즙'을 써서 1점을 잃어 불합격했다고 주장하는 K중·S중·E여중 등 세칭 일류 학교 수험생 학부모 20여 명은 22일 오전 솥에 엿을 만들어가지고 서울시 교육위원회에 나타나 환성을 올렸다.
학부모들의 말에 의하면, 21일 오후 6시 반경 김원규 교육감은 "만약 무즙으로 엿이 된다면 과학 18번 때문에 떨어진 수험생은 구제하겠다"고 약속했다는 것.

— 1964년 12월 22일자 「동아일보」에서 발췌. 현대 맞춤법과 어휘를 적용

(출처: 나무위키)
https://namu.wiki/w/%EB%AC%B4%EC%A6%99%20ED%8C%8C%EB%8F%99

이 사건을 계기로 중학교 입시는 존폐 논란에 휩싸였다가 4년 뒤

창칼 파동 사건 때문에 완전히 역사의 뒤안길로 사라지고, 중학교 무시험 제도가 들어서면서 소위 '뺑뺑이 세대'가 시작되었다. 경기중학교를 비롯하여 당시 명문 중학교로 칭해지던 33여 개의 중학교들은 1971년에 폐교되거나 평범한 교명으로 강제 변경을 당했다. 성동중학교도 그 당시 폐교가 되어 지금은 존재하지 않는다. 나는 그 당시 중학교, 고등학교, 대학교 모두 입시를 통하여 진학하였다.

중학교 시절을 보내며

서울로 이사하다

내가 성동중학교에 입학하여 진학하게 되자 내 교육을 위하여 (나는 그렇게 생각한다) 서울로 이사했다. 형은 당시에 수원농고에 다니고 있었는데 왕십리에 있는 배명고등학교로 전학하게 된다. 배명고등학교는 성동중학교 가까이에 있었다.

그래서 왕십리에 있는 산동네에 세를 얻어 생활하게 되었다. 이곳은 산비탈에 층층으로 지어진 판잣집에서 많은 사람이 생활하던 곳이었다. 우리 집은 산 중턱에 위치해 있었다. 집이 일자로 지어져 방이 두 개 있고, 앞쪽에는 드나들기 위한 작은 길이 있는 집이었다. 수도 시설이 없어서 물지게로 물을 길어다 먹었다.

나도 물지게를 지고 물을 운반하곤 했었다. 내가 어렸을 때라 집 문제에 대해서는 특별한 생각이 없이 살았던 것 같은 생각이 든다. 이곳에서 크게 불편하게 생각하지는 않았고 잘 순응해서 살았다. 서울로 이사를 와서 특별히 좋았다거나 하는 감정도 없었다. 단지 어머니는 아들 교육을 위해 서울로 오셔서 엄청 고생하였을 것 같다는 생각이 든다.

그 동네는 채석장으로 사용되었던 것 같은 돌산이 있던 곳이었고 약간은 우범지역 비슷한 곳이었다는 기억이 있다.

그 판잣집에서 생각나는 것은 하루는 방이 따뜻해지지 않아 아궁이에 재가 차서 막혀 있다고 생각했다. 아궁이 속을 보니 아궁이 안에서 바싹 말라죽은 고양이가 나온 적이 있다. 어머니가 동물을 싫어하셨는데 심적 영향이 상당히 크셨을 것 같은 생각이 든다.

이곳에 살다가 꽃을 키우는 집에 방 2개가 있는 꽃집으로 이사하였다. 이곳은 우리가 사는 곳이 별채로 이루어져 있었고, 그곳은 수돗물도 나오는 곳이었다. 집 입구에 고압선 철탑이 지나가던 곳이었고, 철탑을 100~200m 정도 꽃밭을 지나 들어가면 거주하는 집이 나왔다.

이곳에서 살다가 다시 도로가 가까운 곳에 어머니에게 아주머니뻘 되는 친척분이 사는 집이 있었고, 그 집에서 세를 들어 지내게 되었다. 그 집의 아들이 공고를 졸업하셨는데 집 지하에 프레스 기계를 들여놓고 공장을 하셨다. 그리고 나에게는 아줌마가 되는 같은 나이의 여학생이 있는 집이었다.

그동안 집이 서울로 완전히 이주한 것이 아니라 수원 집은 세를 주었다. 내가 학교를 다닐 수 있도록 하기 위해 어머니가 많은 고생을 하셨다. 그리고 정주 여건이 좋지 않아서 자주 이사를 다닌 것으로 기억한다.

성동중학교에서 공부하면서 특히 영어 과목은 싫어했고, 또 잘하지 못했다. 이것은 학과 담당 교사의 영향이 컸던 것으로 생각이 든다. 수업 시간에 툭하면 신고 있던 슬리퍼를 벗어서 학생들 머리를 때렸다.

그것이 그렇게 기분 나쁘고 싫었다. 영어 교사가 마음에 들지 않으니 과목 자체가 싫어지고 취미를 잃어 과목 중에서 가장 못하는 과목이 영어였다. 그 영향이 고등학교 때까지 계속 이어졌다.

중학교 3학년 때 교회를 다녔는데 왕십리에 있는 성요한루터교회였다. 이곳에서 다른 학교에 다니는 학생들과 어울리면서 친하게 지냈다. 그때 내가 '백돌문학회'라는 단체에 가입해서 활동했다. 내가 문학적인 재능이 있어서가 아니라 교회 학생부 회장을 하던 친구가 백돌문학회 회장을 하고 있어서 그 친구의 권유로 가입했다.

이렇게 생활하다가 중학교를 졸업하게 되었고, 고등학교는 무시험으로 동일계 진학을 할 수 있었다. 그때 학교에서 성동고등학교에 들어가라고 하는 것을 서울대학교사범대학부속고등학교에 들어가겠다고 응시를 했는데 불합격했다. 그 후에 중앙고등학교 원서를 사다 놓았지만 후기 시험을 보지 않고 재수를 하게 된다. 내가 중학교를 졸업하고 형도 고등학교를 졸업한 상태라 집은 다시 수원 집으로 복귀하게 된다.

좌절을 맛보고 다시 시작하다

수원으로 내려오기 전에 교회를 같이 다니던 친구가 한 여학생을 좋아한다고 했다. 그러면서 나에게 그 여학생을 만나 이야기를 잘해달라고 하여 연락을 해서 만났다. 그런데 그 여학생이 오해를 하였는지 나에게 왜 연락을 하였는지 따지곤 했다. 내가 수원에 내려온 후에도 연락을 하여 곤란하고 어려웠던 적도 있었다.

이렇게 재수를 하는 동안 수원에서 생활하면서 사립 독서실에 나가면서 공부를 했는데 같은 독서실에 다니는 양계장을 하는 친구가 있어서 집에서 낳은 계란을 가져다주곤 했던 생각이 난다. 그 당시 계란은 귀했던 시절이었다.

또한 옆자리에 이화여고에 응시했다가 떨어진 여학생이 있었는데 내가 짓궂게 행동했던 기억도 있다. 한번은 책상에 참고서가 꽂혀 있는 것을 보고 참고서를 빼서 보았다. 나중에 본인이 해놓은 것과 다른 것을 느꼈는지 나에게 왜 책을 만졌느냐는 항의를 했다. 아마 신경이 예민한 여학생이었던 것 같다. 나는 별것이 아니라고 생각하고 있는데 자꾸 따지니까 오히려 더 짓궂게 행동했다.

그 후에 일부러 책을 뺐다가 다시 꽂아놓았더니 더 화를 내었다. 그래서 다음에는 참고서를 한 권은 제대로 꽂고, 한 권은 거꾸로 꽂아놓는 짓궂은 행동을 하기도 했다. 이것은 내가 이 여학생을 좋아하거나 그런 것은 아니었다. 당시의 나는 이성에 대해서는 그렇게 큰 관심을 가지지 않았었다.

나중에 열차 통학을 하면서 그 여학생이 이화여고에 합격했다는 이야기를 들었다.

파란만장했던 고등학교 시절

질풍노도의 생활을 경험하다

1969년도에 고등학교 입시제도가 동일계 진학으로 바뀌었다. 중학교에서 무시험으로 고등학교에 진학하고, 학생 일부만 입시로 선발하게 되었다. 서울사대부고는 학생을 선발하지 않았던 것으로 기억한다. 그렇게 되면서 경희고등학교에 원서를 제출하게 된다. 경희고는 경희중에서 대부분의 학생이 무시험 진학을 하고, 50명만 입시를 통해서 학생을 선발했다.

그러다 보니 경쟁률이 아주 높았다. 내 기억으로는 경쟁률이 18.7:1 정도였다고 기억한다. 다른 친구가 28:1이었다고도 한다. 입시에서 합격하여 경희대학교 병설인 경희고등학교에 진학하게 되었다.

고등학교에 진학하면서 1969년에 교련이 고교 필수 과목으로 부활한다. 예비역 장교가 교련 교사로 임용되어 일주일에 두 시간인 교련 시간에는 군사 훈련을 받았다. 목총이나 플라스틱 총을 들고 제식훈련을 했고, M1 소총 분해결합을 하기도 했다. 플라스틱 총은 실제 M1 소총만큼 무거웠다. 또한 포복, 총검술, 사격술 예비 훈련도 했다.

교련 교사들은 보통 검은색 선글라스를 끼고 근엄한 표정으로 학생주임 교사와 함께 학교 정문을 지키며 학생들의 군기를 잡곤 했다.

야외 실습 시간에는 반드시 교련복을 입어야 했다. 교련복은 실용성을 중시하여, 전투복에서 본떠 만들었기 때문에 품이 넉넉하여 구김이 적었다. 교복보다 입기 편했기 때문에 학생들은 교련과목은 싫어했어도 교련복을 학교 생활복과 비슷한 용도로 입곤 했다. 2학년 때는 서울 시내 고등학생들을 선발하여 장충체육관부터 효창운동장까지 플라스틱 소총을 들고 행군을 했다. 열병식과 사열도 했다. 나도 그 행군에 참여했었다.

고등학교에 진학하게 되면서 수원에서 이문동까지 기차 통학을 하게 된다. 천안에서 출발하는 통학 열차가 수원역에서 아침 4시 5분, 5시 30분에 있었다. 학교에 가려면 수원역에서 기차를 타고 용산역에서 내려 20번 버스를 타야 했다. 4시 5분 기차를 타면 버스를 갈아타고 가면 학교에 7시쯤에 도착했다.

　5시 30분 기차를 타면 학교에 지각을 하게 되었다. 매일 4시 5분 기차를 타고 다니려니 상당히 힘들었다. 집에서 수원역이 가까웠기 때문에 그래도 수월한 편이었다. 한번은 일어나보니 열차 시간이 5분 정도밖에 남지 않아 수원역까지 경주하듯 달려가서 열차를 타고 등교한 적도 있었다.

　이렇게 통학을 하다 보니 너무 힘들어 이문동에 방을 얻어 자취를 시작하게 되었다. 수원 집에서 어머니가 일주일에 한 번 정도 반찬을 해다 주시면 그것을 먹곤 했다. 일일이 밥을 해 먹는 것을 귀찮아했다. 그래서 어머니가 보내준 반찬이 떨어지면 제대로 밥을 해 먹지 않고 굶는 날도 있었다.

　고1 여름방학이 되자 이천수라는 친구와 여행을 떠난다. 목적지는 설악산이었다. 청량리에서 버스를 타고 속초를 향해 출발했다. 가는 도중에 버스에서 한 군인과 이야기를 하게 되었다. 그 군인은 휴가를 받아 집인 거진으로 가는 중이라고 했다. 그 군인과 버스 안에서 이야기하다 보니 친해지게 되었다.

　우리들이 설악산으로 무전여행을 가는 중이라고 하자 자기 집으로 가서 자고 가라고 했다. 그래서 속초를 가는 도중에 거진으로 방향을 바꿔서 그 군인 집으로 갔다. 밤에 집에 도착하니 부모님과 같이 살고 있었다. 그 군인은 결혼을 하고 군대에 간 것이었다. 그리고 혼수로 장만한 것 같은 새 침구를 내주었다.

　아침에 일어나자 아버님이 거진항에 가서 사 왔다고 하면서 오징어회를 해주셨다. 그때 오징어회를 처음 먹어보았다. 또한 출발하려고 하자 그 집에서 과수원을 하고 있었는데 복숭아를 따서 가져가라고 주셨다. 버스에서 만나 대화를 나누었던 학생들에게 너무 잘해 주셨다. 당시 시골 인심이 그렇게 좋았던 것이었다고 생각한다.

거진항은 바로 전 해에 푸에블로호가 나포되었던 곳과 가까운 곳이었다. 푸에블로호 사건은 미국 해군의 정보수집함 푸에블로호가 1968년 1월 23일 동해상 원산 앞바다에서 조선 인민군에게 나포당했다. 그 과정에서 1명이 사망하고 82명이 북한에 억류되었다가 1968년 12월 23일 귀환한 사건이었다.

설악산에 도착하여 그곳에 캠핑온 대학생들을 만나 같이 지내게 되었다. 신흥사 아래 소나무 숲에 텐트를 치고 대학생들과 일주일을 같이 지냈다. 그리고 이천수란 친구와 헤어져 나는 작은아버님이 계시는 강릉으로 갔다.

강릉 용강동 용강시장 부근에 작은아버님 댁이 있었다. 주소를 가지고 처음 방문한 것이었다. 그곳에서 2주 정도 지낸 것 같은 생각이 든다. 주말에는 내가 왔다고 경포대해수욕장에 해수욕을 갔었다. 집에서 밥을 한 것을 밥솥에 넣고 반찬을 해서 가지고 나갔다. 점심을 먹고 경포해수욕장에서 하루를 보내다 돌아오곤 했다.

그때는 편지 외에는 마땅한 통신 수단이 없었다. 그래서 내가 편지를 해서 집에 연락을 해야 하는데 편지를 하지 못했다. 집에서 어머니는 걱정을 많이 하고 계셨다. 그렇게 지내다가 개학이 거의 되었을 때에 집으로 돌아왔다. 어머니는 내가 역마살이 껴서 돌아다닌다는 말씀을 하셨다.

2학기 중간쯤 이문동에서 자취하고 있을 때였다. 서울 서교동에 사는 같은 반 박제훈이란 친구가 자기 집에서 같이 학교를 다니자고 했다. 그 친구 집에서 한두 달 정도 생활을 하기도 했다. 친구 집에서 생활하는 동안 친구가 나에 대해서 어머니나 형에게 아주 좋게 이야기했다. 그래서 어머니는 잘해 주셨다. 그렇지만 나는 집안 식구들의 눈치를 보곤 했다.

1학년 말경에는 이문동 학교 앞에서 하숙을 하게 된다. 그때 미술 활동을 하며 그림을 잘 그리는 친구가 시석을 만들자고 제안을 했다. 수업이 끝난 후에 친구 몇 명이 하숙집에 모여 시석을 만들었다. 하숙집이 친구들이 모여 노는 아지트 역할을 했다.

돌에 시를 쓰려면 모양이 아름답고 매끈한 돌이 필요했기 때문에 그런 돌을 구하기 위해 제3한강교 부근 한강으로 나가서 돌을 주워 오곤 했다. 이문동에서 버스를 타고 배낭을 메고 나가 돌을 주워 왔다. 주울 때 물에 넣어보면 돌에 니스를 칠한 상태의 모양을 알 수가 있었다. 그렇게 색깔이 예쁘고 매끈한 돌을 주웠다.

지금은 한강변에 아파트가 많지만 그때는 주위에 시설물이 거의 없었고 더군다나 겨울이라 한강변에 나가면 매서운 찬바람이 불고 엄청 추웠다. 옷을 단단히 입고 나갔지만 도저히 맨정신으로는 견딜 수가 없을 정도로 추워서 소주를 한 잔씩 마시고 돌을 줍는 일을 하곤 했다.

한번은 돌을 주워 배낭에 넣고 버스를 탔는데 승객 한 분이 그것이 무엇이냐고 물어보았다. 돌이라고 하니까 어이없어하는 표정으로 바라보시던 생각이 난다. 한겨울에 멀쩡한 아이들이 돌을 주워 배낭에 가득 넣어 간다고 하니 이상하게 생각한 듯하다.

이렇게 주워 온 돌을 가지고 하숙집에 돌아와서 구입한 니스와 신나(니스를 사용할 수 있도록 녹이기 위하여 용매로 사용함)를 혼합하여 시석에 칠하기 위하여 준비를 하곤 했다. 한 번에 방에서 준비하는 도중에 신나에 불이 붙어서 당황한 적도 있다. 물론 바로 끄기는 했지만, 방에 불이 난 것은 담배를 피려고 일회용 라이터로 불을 켜는 순간 잘못되어 불이 신나에 옮겨붙은 것이었다.

이렇게 돌에 시를 쓰고 적당한 그림을 그린 다음에 니스를 칠하면 돌의 색이나 문양이 잘 나타나고 보기에 좋았다. 이렇게 만든 시석은 친구들에게 100원씩 받고 팔았다. 그렇지만 잘 팔리지 않았다. 이런 일은 시석을 팔아서 돈을 번다는 것보다는 시석을 만드는 자체가 좋고 재미있어서 즐겁게 한 것으로 기억한다.

이때는 아버님이 생존하고 계실 때였기 때문에 경제적으로 크게 어려웠던 것은 아니었다. 고등학교에 들어가서 이처럼 통학, 자취, 친구 집에서 생활하는 등 이렇게 자주 이사를 하다 보니 학업에 집중을 하지 못했고, 친구들과 어울려 다니는 것을 좋아했다. 그러다 보니 일찍 술, 담배를 시작하게 되었다.

나는 축농증으로 코가 좋지 않았다. 1학년 겨울방학이 되어 수원 성빈센트병원에서 축농증 수술을 했다. 수술이 잘 끝나고 밤이 되었다. 갑자기 입안으로 피가 넘어오기 시작했다. 간호사를 호출했다. 당시 이 병원에서는 입원실에 보호자가 계속 있지 않고, 면회 시간이 따로 있었다. 간호사가 와서 지혈제를 주사했는데도 피가 멈추지 않고 계속 나왔다. 다시 당직 의사가 와서 조치를 취했는데도 피가 멈추지 않았다.

그렇게 계속되다가 정신을 잃었다. 깨어보니 피가 멎어 있었다.

침대에서 일어나려고 하니 어지러움을 느꼈다. 피를 많이 흘려 그런 것 같았다. 아침에 간호사가 와서 하는 이야기가 출혈이 멈추지 않아 사망한 경우도 있다는 말을 했다.

갑자기 찾아온 불행

그렇게 생활하던 중고등학교 2학년 초인 1970년 3월 9일에 아버님이 돌아가셨다. 아버님은 충북 이월 수리조합 관사에서 생활하셨다. 하루는 저녁에 술은 한잔하시고 들어오셔서 머리가 아프다고 하시면서 자리에 누우셨다고 한다. 코를 골고 계셨는데 잠시 후에 같이 계시던 동료분이 이상해서 보니 돌아가셨다고 했다.

평소에는 아무런 증상도 없었는데 너무 갑작스러운 일이었다. 그 당시에는 알 수 없었지만 아마 뇌졸중으로 돌아가신 것 같다. 외지에서 가족들은 아무도 임종을 보지 못한 채 쓸쓸하게 돌아가셨다.

돌아가셨다는 연락을 받고 이월에 내려갔다. 아버님의 시신을 보고도 현실감이 들지 않았다. 울음도 나오지 않았는데 조금 시간이 지나면서 현실감각이 돌아오고 정말 슬프게 울었던 기억이 있다.

아버님이 돌아가셨을 당시 형님이 연락이 되지 않아(그 당시에는 **지금처럼 핸드폰 등이 없어 함께 있지 않으면 연락할 방법이 없었다**) 장례를 치르는 동안에도 도착하지 못했다. 그래서 내가 상주 노릇을 하여 이월에 있는 공동묘지에 매장을 했다.

아버님 산소 자리를 동네 지관이 잡아 주어서 공동묘지에 매장했다. 매장을 하는데 그 아래에 위치한 산소 주인이 올라와서 싸움이 벌어졌다. 아들분이 그 산소가 어머니 산소인데 지맥이 연결되는 곳 바로 위에 아버님 산소를 썼다고 화를 냈다. 그래서 지관이 그 아들에게 먹살을 잡히는 일도 있었다.

이렇게 장례를 치르고 수원으로 돌아왔다. 아버님과 같이 생활하지 않고 가끔 집에 오셨기에 크게 달라진 것은 없었다. 그렇지만 돌아가신 후에는 집에 들어오면 괜히 쓸쓸해지고 집이 빈 듯한 느낌이 들곤 했다. 그 후로부터 내가 집에 들어오면 별로 말이 없어지게 되었다.

아버님 사후에 수리조합 관사에서 돌아가셨기 때문에 순직 여부로 문제가 생겼다. 수리조합에서는 순직 처리를 해주지 않고 그대로 넘어가려고 했다. 그러나 어머님이 다니시면서 관계기관에 문제를 제기하셨다. 끝내 순직으로 인정받게 되었다. 어머니가 혼자 다니시면서 그런 일을 하셨던 것을 보면 정말 똑똑하고 대단한 분이셨다.

아버님 봉급으로 생활을 꾸려 나가다가 아버님 사후에는 가정 형편이 어려워졌다. 어머니는 그동안 부업으로 동양자수 일감을 받아다가 수를 놓아 납품을 하셨다. 또한 그전부터 편물기계로 털옷을 만들어 주시곤 했다. 이렇게 기계를 이용하여 스웨터 등 털옷을 만드는 부업도 하셨다.

그때 우리 재산은 60평 정도 되는 수원 집이 전부였다. 고색이에 있는 외가에서 받은 농지는 팔아 사용했던 것 같다. 그러나 강원도 고성에 있는 농지는 생각도 못 하고 있었다.

우리 집안이 어려움을 겪게 되다

아버님이 돌아가시고 집안 사정이 좋지 않아 나는 대학교에 들어가는 것이 부담이 되어 방황을 하게 되었다. 그러면서 고등학교를 졸업하면 대학에 들어가지 않고 계룡산에 들어가서 살겠다는 생각도 했다. 공부에는 관심이 없는 상태로 학교를 다니며 생활을 했다.

서울에서 생활하던 당시 조간신문 배달 아르바이트를 시작했다. 새벽 4시에 일어나 보급소에 나가 광고지를 신문 사이에 끼워 넣고 배달 부수 200부(배달 180부, 확장지 20부)를 세서 가지고 나갔다. 200부를 왼쪽 옆구리에 끼고 뛰어다니면서 오른손으로 신문을 던져 넣었다. 이렇게 신문 배달을 한 후에 학교에 등교했다. 배달만 하는 것이 아니라 매달 신문 대금 수금도 해야 했다. 배달하는 것보다 수금하는 일이 더 어려웠다.

이렇게 통학, 자취, 하숙 등의 생활을 하다 보니 여러 가지 면에서 좋지 않은 행동들을 하게 되었다. 통제하는 사람은 없으니 다른 학교 학생들과도 어울리게 되었다. 그렇게 친구들과 어울리다 보니 고등학교 1학년 때부터 술과 담배를 하게 되었다. 그러나 이렇게 시작된 술과 담배를 1985년 2월 20일에 완전히 끊었다. 친구 중에는 공부를 하는 친구도 있었지만 축구 등 운동을 하는 친구, 후배도 있었고, 공부를 포기하고 어울려 다니는 친구도 있었다. 이렇다 보니 술, 담배에 대한 죄의식도 없이 당연한 행동처럼 받아들였던 것이다.

2학년 말이 되면서 이문동에서 하숙을 하고 있을 때였다. 대학을 들어갈 마음은 없었지만 너무 공부를 하지 않으면서 지내고 있다는 생각이 들었다. 이제는 공부를 조금 해야겠다는 생각을 했다. 고등학교 2학년 겨울방학이 되면서 공부를 시작했다.

그러나 책을 멀리하면서 제대로 공부를 하지 않다가 갑자기 공부하려니 책만 보면 졸렸다. 그리고 책상 의자에 앉으면 잠이 오는 상태가 계속되었다. 그래도 그걸 참고 계속 견디다 보니 나중에는 하루에 3시간 정도만 자고 공부할 수 있는 상태가 되었다.

그렇게 공부를 열심히 하다가 3학년 때 다시 대학교를 포기하고 계룡산에 들어가려는 생각도 했다. 당시 학교에서 정규수업이 끝나면 보충수업을 했는데 보충수업비를 내야 했다. 그런데 수업비를 제대로 내지 못했고 담임선생님에게 찍혀 학교생활을 제대로 하지 못했다. 고3 여름방학 때는 모두 학교에 등교해서 보충수업을 하는데 나는 보충수업에 참가하지 않았다.

1학년 때 같이 하숙을 했던 청량고등학교에 다니는 친구 집이 강원도 인제였다. 그 친구 집에 여름방학 때 놀러 갔다. 그 친구 집에서는 요정을 하고 있었다. 인제에 군인이 많은 도시라 그들을 상대하는 요정들이 있었다. 그 친구 집에서 일하는 아가씨들과 놀러 간 적도 있었다.

그러나 내가 요정을 들락거린다든지 아가씨들과 친하게 지냈던 것은 아니었다. 방학이 끝난 후 학교에 등교하자 담임선생님이 상담실로 불러냈다. 그곳에서 담임선생님에게 엄청 맞아 상담실에서 거의 기어 나오다시피 했었다.

고등학교 3학년 때 하숙을 하던 때가 있었는데 기억에 남는 것은 한ㅇㅇ이란 청량고등학교에 다니는 친구와 같이 함께했던 일이다. 이 친구는 1학년 때 같이 하숙하면서 시석을 만들 때 같이했고, 여름방학 때 집에 내려갔었던 친구였다.

하루는 밤에 이 친구와 조각도를 가지고 장난을 하다가 잘못하여 조각도로 오른쪽 가슴을 다치는 일이 발생했다. 그래서 밤에 병원에 가서 치료를 받았다. 처음에는 그 상처가 상당히 굵고 큰 자국이 튀어나와 있었다. 세월이 지나면서 상처 자국이 희미해져 갔지만 지금도 자국이 약간 남아 있다. 상처의 크기가 10cm가 넘었으니까 조금만 더 깊었더라면 큰일이 날 뻔한 사건이었다.

그 사건 이후부터는 그 상처 때문에 해수욕장에 간다든지 상의를 탈의한다든지 하는 일은 되도록 피했던 것으로 기억한다.

성균관대학교에 들어가다

그렇게 지내다가 대학입시 철이 되었다. 그때는 내가 사립 독서실에서 숙식을 하고 있던 때였다. 그렇지만 나는 대학을 다니겠다는 생각을 하지 않았다. 입학원서를 쓰고 싶은 생각도 없었다. 그때는 1969년부터 시행된 대학 입학 예비고사를 실시하던 시기였다. 예비고사에 합격한 학생들만 대학 본고사에 지원할 자격을 주었다.

나는 예비고사에 합격했다. 이때 김ㅇㅇ이란 친구가 있었는데 이 친구는 예비고사에 떨어져서 본고사를 치를 수 없는 친구였다. 이 친구가 내가 대학 입학원서를 쓸 생각을 하지 않고 있으니 연세대학교 근처에 놀러 가자고 했다. 그곳에 갔다가 연대 입학원서를 사 가자고 하여 원서를 구입하여 돌아왔다.

입학원서를 쓰기 위해 학교에 갔는데 담임선생님이 다른 학생 상담을 하고 있는 중이었다. 나는 입학원서를 쓸 생각이 없었기 때문에 기다리지 않고 그대로 돌아왔다. 그리고 원서를 쓰러 가지 않았다. 어머니하고 친구들에게는 연세대학교 원서를 썼다고 거짓말을 했다.

입시 당일에는 시험을 보러 간다고 아침에 독서실에서 나와 하루 종일 청량리역에 있는 대왕극장에서 혼자 〈권격〉이란 영화를 보고 돌아왔다. 물론 나중에 시험에 떨어졌다고 다른 사람들에게 말했다.

후기 입시가 시작되자 다시 그 친구가 명륜동에 누나 집이 있다고 같이 가자고 하여 갔다가 성균관대학교 입학원서를 사게 되었다. 나는 이과 출신이고, 원래 대학은 전자공학과를 가고 싶었다. 그 당시는 국가적으로 중화학공업을 육성하고 있던 시기였다. 대학은 들어가고 싶은 생각도 없었고, 자신도 없었다.

원서를 사왔으니 일단은 학교에 입학원서를 쓰러 갔다. 그때 학과 경쟁률을 보니 당시 화학공학과가 가장 높았다. 이왕 떨어질 바에야 경쟁률이 제일 높은 곳에 시험을 보고 떨어지자는 생각을 했다. 담임선생님께 가니 전기는 왜 쓰러 오지 않았느냐고 하시면서 두말없이 원서를 써주셨다. 그렇게 화학공학과를 선택하게 되었다. 불합격할 것으로 생각했는데 대학입시 결과 합격했다.

결국 성균관대학교 화공과에 입학하게 된 것은 김ㅇㅇ이란 예비고사에도 떨어진 친구의 권유 덕분에 이루어진 결과였다.

그러나 이와 같이 합격한 것은 단순히 운이 아니었다. 2학년 말, 3학년 초에 밤을 새우면서 열심히 공부한 것이 바탕이 되었다고 생각한다. 그 당시 참고서를 보고 공부를 하면서 참고서 내용을 거의 외울 정도로 열심히 했었으니까. 이러면서 내 인생이 바뀌게 되었다.

성균관대학교에 다니며 방황하다

인천에 정착하다

나는 이렇게 1972년 3월 성균관대학교 화학공학과에 입학했다.

1970년 인천으로 이사한 후에도 고등학교 2학년에서 3학년 대학입시 때까지 서울서 생활을 했다. 대학 입학 후에는 신포시장에 있는 인천 집에 내려와서 생활을 했다. 인천에 와서 생활을 하면서 이곳에서 평생을 살게 될 줄은 생각하지 못했다. 결국 인천은 나에게는 제2의 고향이 되었다.

대학 시절에는 명륜동에 학교가 있었기 때문에 집에서 서울로 열차 통학을 하였다. 열차 통학을 하는 것은 항상 반복되는 생활이기 때문에 그룹별로 어떤 시간, 어느 열차, 몇 번째 칸을 타는지 약속을 했다. 서울역에 도착하여 버스로 명륜동 학교까지 이동했다. 이렇게 항상 서로 만나서 친구들과 같이 학교를 다녔다.

1972년 이렇듯 대학 생활을 시작했는데, 성대 화공과에 다니며 인천 송도고등학교를 나온 황창윤이란 친구가 있었다. 그 친구를 알게 되면서 같이 어울리기 시작했다. 그러면서 송도고를 나온 친구들과 어울려 다니면서 서로 친하게 지내게 되었다.

당시 인천에서 통학하는 학생들이 모임을 결성해서 지내고 있었는데 송도 출신 신덕상이란 친구가 회장을 하게 되었다. 그때 문화제 행사를 하면서 그 친구들과 송도 출신 선배들을 찾아다니며 후원을 받던 생각이 난다. 당시 송도고 선배였으며 교사로 송도고에 재직 중이었던 선생님이나 회사 다니는 선배들에게도 찾아가 후원을 요청했다.

그렇게 항상 송도고 친구들과 어울려 다니다 보니 내가 송도고등학교 졸업생인 줄 아는 친구들도 많았다. 이렇게 대학에 입학한 후에 학교에 다니면서 송도고등학교를 나온 친구들과 같이 잘 어울리게 되었다. 이 친구들이 바둑을 잘 두고 좋아하였기 때문에 나도 바둑을 배우고 함께했다. 이런 과정을 거쳐 바둑, 당구 등 여러 가지 잡기에 관심과 열정을 가지고 참여하게 되었다.

주말이나 수업이 없을 때는 일곱 명 정도가 기원에 모여 내기 바둑을 두거나 바둑대회를 개최하여 점심도 먹고 하루 종일 바둑을 두었다. 바둑을 둔 후 승패를 성적으로 하여 금액을 정하여 부담했다. 바둑이 끝나면 저녁을 먹고 술을 한 잔씩 하곤 했다.

그리고 가끔 한집에 모여 고스톱을 치면서 밤을 새기도 했다. 6개월이나 1년에 한 번 정도는 정식으로 바둑대회를 개최하여 우승자에게는 상품을 수여하기도 하였다. 이러한 비용은 회비를 걷어서 부담했다.

그런 가운데 안타까운 일은 백○○란 친구가 있었는데 이 친구는 바둑도 잘 두었다. 그러다 입대 시기가 되어서 군대를 갔는데 군 생활을 하다가 사망하는 일이 발생했다. 참 안타깝고 애석한 일이었다.

성균관대는 위쪽 대운동장으로 올라가면 삼청공원으로 통하는 길은 막혀 있었다. 대운동장과 비원이 담을 마주하고 있어서 학교 담을 넘어서 비원에 들어갔다. 다시 담을 넘으면 창경궁(당시 창경원)으로 들어가게 되어 있었다. 그래서 담을 넘어 창경궁에 들어갔던 기억도 있다.

창경궁 명칭이 창경원이 된 것은 우리 역사의 하나의 비극이었다. 일제 치하에서 조선의 궁궐을 동물원으로 만들어 왕실을 조롱하고 대한민국의 정통성을 끊어 우리의 역사를 왜곡하려고 했던 일이었다.

대학 1학년 여름방학에는 친구들과 여행을 했던 생각이 난다. 대천해수욕장과 부산 태종대에 갔었다. 대천해수욕장 모래사장에서 놀던 생각과 태종대에 도착해서는 다른 친구들은 피곤하다고 바위 절벽

위에서 자는 동안에 나는 심심하니 절벽을 타다가 미끄러져 내려가다 겨우 기어 올라오던 생각도 난다.

1974년 하반기에 고등학교 시절 함께 지냈던 박재훈이란 친구 집에 갔다. 그 친구는 72년 해군사관학교에 입학했었다. 그런데 본인 성격과 잘 맞지 않아서 해사를 퇴교하고 재수해서 73년 연세대학교 영문과에 들어간 친구였다.

저녁에 같이 술을 마시고 들어오면서 그 친구와 장난을 하면서 잡고 넘어뜨렸는데 잘못 떨어져 팔을 다쳤다. 집에 들어오니 팔이 퉁퉁 부어올라 병원에 갔다. 뼈가 손상되어 왼팔 전체를 ㄴ자로 어깨 아래까지 깁스를 했다. 그 친구는 다음날 연세대 영문과에서 하는 연극에 출연하기로 되어 있었다.

맡은 역할은 스크루지 역이었다. 그러니 갑자기 다친 것이라 대안이 없었다. 연극에 출연하지 않을 수가 없어서 깁스를 한 채로 스크루지 역을 했다. 연극을 무사히 끝났다. 나는 불안하고 미안했던 마음을 조금이나마 놓을 수 있었다.

1975년 여름에는 연안부두에 해군 경비 부두 공사를 하고 있었다. 그때 친구가 해군으로 공사 현장에 근무하고 있었다. 그곳에 놀러 갔다가 그 친구에게 부탁하여 공사 현장에서 아르바이트를 한 적도 있다. 공사장에서 모래나 자갈을 찔통으로 나르는 일이었다. 좁은 판자나 철판으로 연결된 통로를 지나 운반했다. 상당히 위험한 일이었다. 공사장 십장이 보기에 내가 일을 하는 것이 매우 불안해 보였던지 하루가 지나자 그만두라고 했다.

해군 경비 부두 공사 현장에 해군 친구들을 보러 자주 갔었다. 하루는 다른 친구와 셋이 술을 마시고 수영을 하러 바다에 들어갔다. 만조 때라 바닷물이 가득 찼을 때였다. 친구가 먼저 바다에 들어가고 나는 뒤를 따라갔다. 10m 정도 갔을 때 술을 마셔서 그런지 갑자기 바닷물이 차갑게 느껴졌다. 그러면서 온몸에 힘이 빠지고 움직일 수가 없었다. 당황한 나는 앞에 가던 친구를 잡고 매달렸다.

그 순간 물속으로 들어갔다가 올라왔다. 내가 잡고 늘어지면서 앞에 가던 친구는 물을 먹고 올라왔다. 나는 덕분에 물을 먹지는 않았다. 그 친구는 당황해서 수영하지 않고 밖에 있던 해군 친구에게 소리를 질렀다. 해군 친구는 처음에 우리들이 장난하는 줄 알았다고 한다. 그러다가 이상했는지 수영을 해서 나에게 다가왔다. 나는 물속에 두세 번 들어갔다 나왔지만 물을 먹지 않아서 정신은 남아 있었다.

해군 친구가 정신을 차리고 있으라고 하면서 나를 바다에서 끌고 나왔다. 그렇게 바다 밖으로 나오자 온 몸에 힘이 쫙 빠지면서 움직일 수가 없었다. 내가 물속에서 들락거리면서 물을 먹었으면 정신을 잃고 죽었을 것이라는 생각이 들었다. 다음날 다시 그 친구에게 가보니 내가 빠졌던 그 근처에서 해군이 바다에 빠져 죽는 일이 있었다고 했다. 그 말을 듣자 이상한 기분이 들었다.

군대에 들어가다

1972년 당시는 박정희 정권 시대였고, 사회가 항상 혼란하였기 때문에 학교에서도 시위가 끊이지 않던 시기였다. 그렇지만 나는 사회 문제에는 참여하지 않았다. 고등학교 시절에 계룡산에 들어가 생활하고 싶다는 생각을 했던 것처럼 그 시절에도 그런 생각이 내 마음속에서 사라지지 않았었다.

성균관대 화공과에 입학한 때에는 어머니는 신포시장에서 옷 가게를 하셨다. 원래 장사를 하던 분이 아니셨기 때문에 수입이 많지 않았다. 그래서 집안 사정이 그렇게 좋지 않았다.

대학 입학 후에는 정부에서 정책자금으로 학자금 융자를 해주기 시작했다. 그렇게 학자금 융자를 받아 등록금을 해결했다. 대학교를 다니면서도 아주 즐겁게 다닌 것은 아니었다. 그래서 학교에서 하는 행사는 거의 참여하지 않고 친구들과만 어울려 다녔다. 단지 운동을 하고 싶었는데, 성대에 검도부가 있어서 여기에는 참여했다. 이렇게 학교를 다니다가 1학기를 마치고 학교를 쉬게 된다.

그렇게 지내다가 1973년 2학기에 다시 복학을 했다. 이때는 등록금을 마련하기 위해 인제에 계시는 작은아버님을 무조건 찾아갔다. 인제에서 산림청 공무원을 하고 계셨던 작은아버님을 미리 연락도 없이 찾아간 것이다. 뵙고 사정을 말씀드리니 알았다고 하시면서 그날 저녁 등록금을 만들어 오셔서 나에게 주셨다.

이렇게 학교에 등록하고 다니다가 1973년에 하반기에 군 신체검사를 받았다. 그 결과 고도 근시로 인하여 보충역에 편입되고 현역 면제가 되었다.

나는 1974년 4월 8일 방위소집 영장을 받아 4주 동안 훈련장에 입소하여 군사 훈련을 받았다. 주특기가 150인 포병이었다. 훈련을 받으면서 캐러바 50이란 기관총 4문을 연결해 놓은 대공포 사격훈련도 했다. 밤에 사격을 하면 기관총에 실탄 중 5발 중 1발의 예광탄이 들어있어 불빛이 계속 날아가 장관을 이루었다.

훈련 후에 연안부두에 있는 수협공판장 건물 옥상에 있는 고사포부대에 배치받아 근무하게 되었다. 이곳은 대공포가 있었는데, 도시 지역 공습을 대비해 도심 주요 건물 옥상에 구축해 놓은 방어시설이었다.

근무일이 되어 출근하면 일반 병사들과 똑같이 훈련을 받고 대공포를 지키며 보초를 섰다. 일반 방위와는 달리 내무생활을 했다. 즉, 3일에 한 번씩 아침에 들어가서 24시간 현역과 똑같이 근무를 했다. 그리고 다음 날 아침에 퇴근을 했다.

현역 생활을 한 분들은 방위 생활을 우습게 생각하겠지만 오히려 민간과 현역의 이중생활을 하는 것이라 쉽지는 않았고, 심리적인 고충도 많았다. 이렇게 1년 동안 방위 생활을 하고 1975년 4월 28일 만기 제대(소집해제)하게 되었다.

방위소집을 마치고 학교에 복학해야 하는데 하지 않았다. 취직을 해서 돈을 벌어야 하겠다는 생각이었다. 여기저기 알아보기도 했다.

제대 이후의 생활

1975년이라고 생각하는데 나는 신포시장에서 야간경비를 하는 아르바이트를 했다. 시장 야간경비를 하다 보니 별별 일을 다 겪게 된다. 술에 취해 장사하는 좌판에 누워서 자는 사람도 있었고, 술에 취해 소리소리 지르며 행패를 부리는 사람도 있었다.

이후에 어머니가 옷 가게를 그만두고 아모레 화장품 외판원을 하시게 되는데, 경비를 그만둔 후에 어머니가 다니시는 아모레 화장품 대리점에서 야간숙직을 하게 된다. 대리점이 인천 신포시장에서 자유공원 올라가는 사거리 모서리에 있었다. 대리점 직원들이 퇴근할 시간이 되면 나는 출근을 했다.

　대리점은 사각형의 2면이 큰 유리의 쇼윈도로 둘러싸여 있었다. 밤에는 유리를 보호하기 위해 나무로 된 덧문 10여 개를 들어 하나하나 덧문을 닫고 숙직 근무를 했다. 건물 높이가 높았기 때문에 문짝 하나하나가 크고 무거웠다.

　그때 대리점 소장님이 장정일 소장이란 분이었는데 나에게 많은 편의를 봐주셨다. 숙직을 하면서 친구들이 찾아오면 담배도 피우고 술도 마시곤 했다. 지금 생각해 보면 아침까지 그 냄새가 없어지지 않고 남아 있었을 것이다.

　아침에 대리점 문을 열고(덧문은 대리점 옆에 보관함) 여직원이 출근하면 나는 퇴근했다. 그러면 여직원이 대리점 내부를 정리하고 청소를 했다. 지금 같으면 여직원이 나에게 문제를 제기했을 수도 있었겠다는 생각이 든다. 당시에는 거의 모든 남자가 담배를 피었고, 물론 소장님도 담배를 많이 피우셨다.

　그러나 이런 상황을 장 소장님이 그냥 묵인했기 때문에 내가 근무하는 동안에 아무런 문제도 생기지 않았다고 생각한다. 물론 어머니도 당시 화장품 외판원으로 근무하고 계셨다. 1~2년 동안 이렇게 생활을 한 생각이 든다.

　1976년 아는 분의 소개를 받아 친구와 함께 한국제지에 면접을 보러 갔던 기억도 있다. 그리고 다른 일을 해보려고 했었지만 쉽게 되지 않았다.

　내가 평소에 무술에 관심이 많아서 76년 선술이란 무술을 시작했다. 또한 단전 호흡을 하는 국선도를 시작했다. 이렇게 민족 무예에 관심을 갖고 정신세계에 대한 탐구도 하게 된다.

어렵게 학업을 마치다

이런 생활을 하다가 방황을 멈추고, 1977년 2학년에 재입학했다. 이때부터 학교를 제대로 다니겠다는 생각을 하게 되었다. 이때는 학도호국단이 부활되어 대학생 행군대회가 있었던 시기였다. 이 행사는 박정희 대통령이 그 당시 혼란스러웠던 시기에 정권을 유지하기 위한 하나의 방편으로 기획된 것이라고 기억한다.

당시 서울 시내 각 대학 학생이 혜화동 서울대 문리대 앞에서 출발하여 신촌을 지나 행주산성 근처까지 행군한 것으로 기억하고 있다. 지원자가 많지 않았다. 그래서 참여 조건이 교련 학점을 주는 것이었다. 나는 학점을 따기 위해 행군대회에 참석을 했다. 사열과 열병, 행군을 하기 위해 학교에서 상당 기간 연습을 했다.

사열과 행군은 모형 M1 소총을 가지고 했던 것으로 기억하고 있다. 이렇게 시작된 행군은 쉽지 않았다. 행군 도중에 대통령 하사품이라고 하며 도시락으로 점심 식사가 제공되었는데, 상당히 잘 나왔던 것으로 기억한다.

성균관대는 1978년 수원 율전에 건설되고 있던 수원 캠퍼스로 공대가 먼저 이전을 했다. 학교는 공사 중이었다. 학교에 가기 위해서는 동인천역에서 전철을 타고 구로역에서 수원행으로 갈아타 율전역에서 내렸다. 율전역에서 학교까지 나지막한 언덕의 산길을 지나 등교를 했다.

나는 수원 캠퍼스로 학교를 다니면서 가끔 단식을 했다. 단식은 물만 먹는 단식도 하고, 물도 안 먹는 완전 금식을 하기도 했다. 단식은 보통 일주일 정도 했고, 물도 먹지 않고 3일 정도 금식을 하기도 했다. 단식을 하면 3일 정도가 고비였다. 3일 정도는 힘든데 3일이 넘어가면 조금 수월해졌다. 내가 하는 단식을 사람들과 단절하고 하는 것이 아니라 일상생활과 함께 진행했다.

집에서 식사를 할 때는 옆에 앉아서 식구들 먹는 것을 보면서 대화도 했다. 학교를 통학하면서도 단식을 했다. 학교에서 점심시간에는 같이 식당에 가서 친구들에게 내가 속이 좋지 않아서 먹지를 못한다고 하면서 옆에 앉아 있곤 했다. 이렇게 단식을 하면서 열차 통학을 하는 것이 조금 힘들었다. 이때도 담배를 피웠는데 단식을 하면서도 무식하게 담배를 피웠던 생각이 난다. 그러니 다른 친구들이 볼 때는 같이 다니면서도 단식하는 것을 알지 못했다.

1978년 학교에서 개최하는 가을 축제 단축마라톤에 참가했다. 수원 북문에서 수원 캠퍼스까지 달리는 코스였는데 학과 대표로 신청을 했다. 단축마라톤이 있기 전날 밤에 친구들과 어울리면서 술을 마시고 씨름을 했다. 씨름을 하면서 발을 삐끗하여 무릎을 다친다. 문제가 없을 줄 알고 다음 날 단축마라톤에 참여했다. 그런데 북문에서 출발하여 100m쯤 달리다가 쓰러져 후송되는 일이 일어나게 된다.

이렇게 다친 무릎을 특별히 치료를 받지 않았다. 내 스스로 치유를 하겠다고 버티면서 의식을 집중하고 단전호흡을 하면서 낫는다는 암시를 하기도 했다. 이렇게 몇 달이 지나자 걸어 다니는 데는 별 지장이 없었다.

그러다가 예비군 동원훈련이 나와서 아무래도 힘들 것 같아 당시 수원도립병원에 갔더니 무릎에 물이 찼다고 하면서 50cc 정도를 주사기로 빼냈다. 그러면서 수술하거나, 깁스를 해야 한다고 했다. 그렇지만 진단서를 발급받아 예비군훈련을 면제받고 특별한 치료는 받지 않았다.

그 후 무릎이 나아졌고 달리는 데도 큰 무리가 없었다. 그러나 축구를 하게 되면 무릎에 부담이 와서 축구하는 것은 가급적 피했다. 참가하더라도 되도록 공을 세게 차는 것은 삼가곤 했다. 지금도 그때의 영향으로 무릎이 좋지 않다.

3학년 때 현장실습을 인천에 있던 한국화약으로 나가게 되었다. 실습하는 동안 회사 기숙사에서 지내게 되는데 회사 근처 산속에 있었다. 회사에 출근하면 전체 시설을 둘러보고 연구실에서 생활을 했다. 한국화약은 인천 고잔에 바닷가를 접하고 있었다. 안에 들어가면 다이너마이트 등 폭탄을 제조하고 실험을 하는 시설이 있었다.

이러한 시설은 폭탄을 제조하는 위험한 시설이니 제조공정마다 분리되어 있었다. 건물도 허름하고 시설 주위에는 흙으로 방벽을 쌓고 방벽 속에 제조공정이 들어 있었다. 만약 실수하여 다이너마이트가 폭발하면 그곳만 파괴되는 구조였다.

다이너마이트 뇌관을 제조하고 실험을 하면서 바다에서 터트리면 물고기가 기절해서 떠오르기도 했다. 다이너마이트는 니트로글리세린을 규조토에 흡수시켜 고체 상태로 안전하게 보관할 수 있도록 한 것이다. 그 자체로는 안전했고, 다이너마이트를 폭발시키기 위해서는 뇌관을 연결하고 터트려 다이너마이트를 폭발하도록 만든 것이다.

또한 비료를 제조하는 시설도 있어서 그러한 관련되는 실험을 실험

실에서 하였다. 보름간 실습을 진행하였는데 당시 회사에서 나에게 한국화약에 취업을 해서 다니라고도 하였지만 3학년 때 나간 실습이라 할 수가 없었다.

실습 끝나고 실습 수당을 받으니 5만 4천 원 정도 되었다. 기숙사 사용 금액은 7천 원 정도였다. 기숙사 사용 경비를 제외하고 실제 4만 7천 원 정도 받았다. 이것은 78년 당시에 상당히 큰 금액이었다. 제일 낮은 직원 급수 호봉에 해당하는 금액이라고 했다. 위험물을 다루는 작업이라 그런지 직원들 대우가 좋았다.

이렇게 대학 생활을 마치고 1980년 2월 대학을 졸업하게 되었다. 대학 생활을 하는 동안 남들과 같이 순탄한 생활을 하지 못했다. 이는 내 스스로 학교생활에 대한 부담이 있었던 것이었다고 생각한다. 등록금은 계속 학자금 융자를 받아서 해결하고 취업한 후에 상환해 나갔다.

군대도 방위소집으로 1년을 보냈지만 1972년 3월에 입학해서 1980년 2월에 졸업을 하였으니 대학을 상당히 오랫동안 다니면서 많은 방황을 했던 것이다. 1977년 2학년에 재입학을 하면서 이때부터 마음을 잡고 학교를 제대로 다녔던 것 같다.

무술, 단전호흡 수련을 하다

내가 중학생일 때 태권도를 했다. 성동중학교에서 태권도부에 가입하여 열심히 배웠는데 형을 수련하고 대련을 많이 했었다. 그러면서 주먹을 쥐고 발차기를 하는 것을 막다 보니 손에 새끼손가락 쪽을 많이 다쳤다. 다치면 치료가 될 때까지 쉬어야 하는데 계속 대련을 하다 보니 다시 다치곤 하였다. 그래서 지금도 주먹을 쥐면 새끼손가락 쪽 주먹이 제대로 쥐어지지 않는다. 그대로 굳어진 상태다.

대학 생활을 하면서 방황도 하였지만 전통 무술에 관심은 여전히 많았다. 여러 가지 무술에 대한 관심을 갖고 있었고 또 그에 관해 찾아보았다. 1976년에는 당시 동대문 바로 옆에 이스턴호텔이 있었고, 그 옆에 있는 건물 5층에 선술 도장이 있었다.

그래서 그곳에 등록하고 선술 수련을 시작하게 되었다. 선술은 민족 무예로서 이사장 및 총관장을 '남강'이란 분이 맡고 계셨다. 이분은 지방에 계셨고 동대문에서는 사범이 도장을 운영하고 계셨다. 그러다 보니 우리 전통 무술에 대한 관심이 증폭되어 불무도나 정도술 등에 대한 관심도 갖고, 또 알아보기도 했다.

그러던 중에 종로 3가 단성사 맞은편 백궁빌딩 3층 있었던 국선도(청산거사)라는 단전호흡을 하는 곳을 알게 되어 이곳도 등록하여 수련을 시작했다. 그 외에도 이러한 무술이라든지 정신세계에 대하여 관심을 갖고 알아보던 중에 자기최면에 대한 공부도 하게 된다.

그러면서 단전호흡을 같이하는 분들과 어울려 다녔다. 이런 과정에서 목ㅇㅇ이라는 분과 군에서 대령으로 예편하셨다는 신ㅇㅇ이라는 분을 만나 12명이 그룹을 형성하여 여러 가지 공부를 하게 되었다.

이분들의 구성을 보면 거문고 기능보유자로 직접 거문고를 제작하는 분도 있었고, 스님, 목사, 회사원, 학생 등 다양한 직업을 가지고 있었다. 학생 중에는 서울대학교 다니는 두 사람과 내가 있었다.

그중에 한 분은 염ㅇㅇ이라는 분이었다. 나보다 서너 살 더 많은 분이었다. 어깨가 좋지 않고 아팠는데 하루는 어떤 곳에 갔었다고 한다.

그곳에서 이분을 보고 "당신 몸에 어떤 노인네가 들어있어서 그런 증상이 나타난다"고 하는 말을 들었다고 했다.

한 분은 스님이었는데 아픈 사람 병을 고친다고 하였다. 절에 아픈 사람이 들어오면 그 사람의 아픈 부분이 감응이 와서 치료를 한다는 이야기를 했다.

그리고 한 분은 평범한 회사원이었고, 정신세계에 관심을 가지고 공부를 하시는 분이었다. 그런데 어느 날 밤에 책을 보는 중에 정전이 되어 갑자기 어두워졌는데 책이 그대로 훤히 보이더라고 했다. 그 후에 만나보지를 못했는데 나중에 종로 3가 뒷골목에서 점을 치고 있더라는 이야기를 들었다.

거문고를 연주하시는 분은 김ㅇㅇ이란 분이셨고, 당시 국립국악원, 국악고등학교에 강의를 나가셨다. 사무실이 미아리에 있었고 전화를 하면 항상 거문고 연주하는 소리가 들렸다. 또한 쌍문동에서 거문고 제조공장을 운영하고 있었다.

서울대에 다니던 한 친구는 주ㅇㅇ이라고 했는데 집은 장충동에(**장충체육관 부근**) 있는 적산가옥에 살았다. 그 후에 청담동 쪽으로 이사를 했다. 그 친구 아버님은 정부 부서의 국장이라는 이야기를 들었다. 청담동으로 이사를 한 후에 집에 가보았다. 버스를 타고 청담동에 내려서 논밭 사이를 한참 들어가니 2층짜리 주택이 나타났다. 아주 크고, 잘 지은 집이었다. 그 집 주위에는 아무것도 없었고, 집만 덩그러니 있었다.

지금 생각해 보니 미리 개발 정보를 알고 집을 지은 것이 아닌가 생각이 든다. 그 근처에는 경기고등학교가 이전한 곳이 있다는 이야기도 들었다. 지금은 강남의 요지인 듯하다. 이 친구는 서울대 화공과를 다녔는데 졸업 후에 미국으로 유학을 갔다. 또 다른 서울대 다녔던 친구는 프랑스로 유학을 갔다. 그 외에서 몇 분이 더 있었다.

이런 분들과 교류하면서 선술 수련은 계속했다. 1977년 11월 19일, 선술 1단 입단을 하였고, 1980년 4월 29일, 선술 2단으로 승단을 했다. 또한 1980년 12월 1일, 대한선심도법 2단 취득을 하고 조사범 역할을 했다.

이와 같이 무술 수련을 한 것은 단순한 취미라기보다는 하고 싶다는 강한 욕망과 내 자신의 수련을 위한 한 방편이었다. 이 길로 나가기 위한 것이 아니라 나 스스로를 지키고 강하게 만들기 위한 욕망이 있었던 것이었다고 생각한다.

인천에서의 생활

인천에 이주한 이후의 생활

아버님이 돌아가신 후에 생계를 유지할 수 있는 수단이 없어졌다. 그래서 어렸을 때부터 살던 수원 집은 정리하고 인천으로 이사했다. 인천에는 여섯째 이모님이 살고 계셨다. 어머님은 이모님과 같이 동양자수라든가 털실로 털옷을 짜는 일을 하려고 하셨던 것으로 생각한다.

어머니는 장사라든가 사업에 대한 경험이 전혀 없으셨기 때문에 계획했던 대로 잘되지 않았던 것 같은 생각이 든다. 그곳에서 이모님과 같이 털실로 뜨개질 등을 하시면서 생활을 하셨던 것으로 기억한다. 그렇지만 당시의 상황은 좋지 않았던 것 같은 생각이 든다.

1971년 7월 신포시장에 있는 3층짜리 신포상가를 구입하여 이사했다. 1층은 상가, 2층은 거주하는 집이 있는 곳이었다. 1층에서 옷가게를 하셨다. 2층에는 방 2개가 있었다. 어머니와 여동생 2명이 방 하나를 쓰고, 나와 형이 같이 생활을 했다. 이렇게 장사를 하면서 생계를 유지했다. 어머니는 원래 집에서 살림만 하시던 분이셨기 때문에 장사가 그렇게 잘된 것은 아니었던 것으로 기억한다.

이렇게 몇 년 동안 장사를 하시다가 그만두고 아모레 화장품 외판원을 하시게 된다. 어머니가 자식들을 위해 정말 많은 희생을 하셨다. 자식들 공부를 시키시겠다고 어려운 일도 마다하지 않고 모든 노력을 다하셨다.

그러다가 78년 7월 13평짜리 주안주공아파트로 이사를 했다. 형이 결혼을 하면서 79년 4월 신흥동 안국아파트로 이사를 했다. 그러다가 79년 10월 형이 분가를 하면서 다시 주안으로 이사를 했다.

이곳에서 2년 정도 살다 81년 5월 만수동에 작은방 2개가 있는 10평짜리 구월동 주공아파트를 분양받아 이사를 했다. 이렇게 되자 나는 어머니와 계속 같이 살았고, 결혼 후에도 내가 어머니를 모시고 살게 되었다.

결혼과 가족

1981년 초에 성남에 사시는 손윗 동서인 조상근 교수와 넷째 이모부가 같은 교회에 다니면서 중매를 하여 나에게 맞선을 보라고 하셨다. 그때는 내가 결혼할 생각을 전혀 하지 못하고 있던 때였다. 경제적인 여건상 아무런 준비도 되어 있지 않은 상태였기 때문에 결혼을 할 수 있는 형편도 아니었다.

 그동안 어머니가 화장품 외판원을 하시면서 생활을 꾸려왔다. 돈을 버는 사람이 없으니 집안 사정이 말이 아니었고 부채도 있는 상태였다. 나는 그런 것을 모르고 있다가 내가 교사 생활을 하며 봉급을 받기 시작하면서 어머니가 어려운 사정을 말하셨고 그 부채를 갚기도 했다.

 이런 상황이다 보니 내가 결혼을 생각할 여유가 없었다. 그렇지만 이모부의 강권으로 1월에 성남에서 맞선을 보게 되었다. 상대편은 대구에서 살면서 왜관에 있는 미군 부대에 근무를 하고 있었다. 그리고 대구시립합창단 단원으로 있으면서 교회에서 성가대로 활동을 하고 있었다.

 이렇게 인연이 되면서 성남에 있는 분들이 서둘러서 약혼을 하게 되었다. 그 후에 대구와 인천을 오가면서 만났다. 주위에서 특히 성남에서 중매선 분들이 30이 넘기 전에 결혼을 해야 한다고 했다. 강요 아닌 강요에 따라 그해 11월 7일 결혼을 했다.

 나는 살아오면서 여자를 사귈 기회는 있었지만 이성에 대해서 별로 관심이 없었다. 맞선도 처음 보고 결혼을 한 것이었다.

 그때는 내가 가진 것이 아무것도 없었기 때문에 약혼자에게 요구한 바는, 비용을 들이지 않고 결혼을 하자는 것이었다. 처가 쪽에서 이런 것에 동의를 해주셨고 그렇게 해서 결혼을 하게 되었다.

 당시에 제일은행에 신혼적금이란 상품이 나와서 300만 원짜리 적금을 들고 300만 원 대출을 받아 결혼을 했다. 그러니 혼수를 장만할 비용도 충분하지 못했다. 약혼자에게도 비용을 최대한 줄이고 아무것도 하지 말자고 했다. 결혼식은 서대문 부근에 있는 작은 교회에서 했다. 대구 제일감리교회 김재황 목사님이 소개해 준 교회였다. 그리고 김 목사님이 주례를 해주셨다.

결혼식은 하객을 초대하지 않고 진행했다. 학교에서는 알고 있으니 선생님들 10여 명과 신부 친구 몇 명만 참석했다. 친척들이나 친구들도 초대하지 않았다. 그래서 피로연이나 이런 것도 생략했다. 사진도 친구가 사진관을 하고 있어서 결혼식 사진을 찍어주었다. 비용이 거의 들어가지 않은 참 간소한 결혼식이었다.

같이 바둑을 두고 친하게 지냈던 친구들은 나중에 집들이를 하면서 초대했다.

그때 친구들이 선물로 주었던 바둑판을 지금도 보관하고 있다. 이 바둑판은 수입목으로 만든 것이다. 상당히 무겁고 단단하다. 지금도 44년이 지났지만 새것처럼 비틀림이나 갈라짐 등 손상이 없다. 두께가 10cm가 넘는 원목으로 된 명품 바둑판이다. 뒷면에는 친구들과 바둑판을 제조하신 분의 이름과 낙관이 찍혀 있다.

거의 모든 사람이 인생의 한 번뿐인 결혼식은 검소하기보다는 화려하게 치르기를 원할 것이라 생각한다. 남들 보기에 초라하지 않은 결혼식을…. 그러나 나는 내 형편상 무리하게 결혼식을 진행하고 싶지 않았다. 남에게 과시하고 싶지도 않았다. 이렇게 하는 것을 어머니는 별로 좋아하지 않으셨다. 어머니는 조금 더 반듯하게 아들 결혼식을 치르기를 원하셨다. 그런 것을 내가 강력하게 반대하여 옷 한 벌, 시계, 반지만 서로 교환했다. 다른 친척들 선물이나 이런 것들을 하지 못하게 했다. 장모님께서도 내 뜻을 받아주셨기 때문에 이렇게 결혼식을 진행할 수 있었다.

얼마 되지는 않지만 남은 돈으로는 대구에서 방을 얻는 데 사용하기로 했다.

이렇게 간소하게 결혼식을 진행했지만 살아오면서 그것을 후회하거나 불만을 가졌던 적은 한 번도 없었다. 지금 그 시절을 돌아보니 기억이 나는 것이다. 그동안 결혼식을 그렇게 진행했던 것조차 잃어버리고 살아왔던 것이었다.

집사람은 결혼 후에도 직장에 다녔기 때문에 출입문과 부엌이 딸린 방을 얻어 생활을 했다. 주말마다 내가 대구로 내려가거나 집사람이 인천으로 올라왔다. 이와 같은 대구에서의 생활은 개인주택이 불편하여 신평리 주공아파트로 이사를 했다. 이렇게 생활을 하던 83년 10월 첫딸인 슬기가 태어났다.

1985년 2월 주안역 부근에 있는 민들레아파트 1층으로 이사를 했다. 이때는 아이를 키우기 위하여 집사람이 직장을 그만두고 인천으로 올라왔다. 슬기는 어린 시절을 이곳에서 보냈다. 집이 1층에 있었고 거실 문을 열면 바로 모래로 채워진 놀이터가 있었다. 아이가 놀기에는 더없이 좋은 곳이었다. 거실에 앉아서 보고 있으면 아이의 행동을 관찰할 수 있었다. 슬기가 놀다가 목이 마르거나 배가 고프면 집에 들어와 바로 먹고 나가서 다시 놀 수 있었다.

1986년 11월 이란성쌍생아인 둘째 딸 한빛과 셋째 아들 한울이가 태어났다. 갑자기 동생 둘을 데리고 들어오자 놀이터에서 놀고 있던 슬기가 당황해서 머뭇거리며 집으로 들어오지 않으려 했다. 항상 혼자 지내던 집에 갑자기 동생 둘이 생겼으니 어쩔 줄을 몰라 했다. 이렇게 우리 가족이 다섯 식구가 되었다.

이렇게 민들레아파트에서 전세로 생활하다가 만수주공아파트를 분양받았다. 당시 만수주공아파트는 미분양이 발생해서 공무원이나 국영기업체 직원들에게 특별 분양을 했다. 처음 입주 비용은 400만 원 정도 되었고, 나머지 계약금은 1년 후에 지불했던 것으로 기억한다. 물론 주택 융자가 있었다. 전세 비용이면 우선 입주가 가능했다. 그렇게 27평짜리 주공아파트를 장만하게 되었다.

1987년 11월, 만수주공아파트 10층으로 이사를 했다. 이곳은 주방에서 보면 조동초등학교가 있었고, 베란다 바로 맞은편에 산이 있었다. 앞뒤가 트여 있어서 전망이 좋고 공기가 좋은 곳이었다.

이곳에 살면서 계산동 현대아파트를 분양받았다. 이곳은 청약예금과는 관계없이 분양을 받았다. 1991년 12월, 32평 현대아파트로 이사를 했다. 그 후 아이들도 크고 어머니도 모시고 있어 방이 더 필요했다. 그래서 방 4개가 있는 계산 택지 45평짜리 초정마을 쌍용아파트를 분양받았다. 이 아파트도 청약예금과 관계없이 3순위로 분양을 받았다. 1997년 12월 쌍용아파트로 이사를 갔다.

그동안 인천에 와서 거의 1~2년마다 이사를 했다. 여기에 기록한 곳 외에도 몇 곳을 더 이사 다녔다. 그러다가 쌍용아파트에 와서 정착하게 되었고, 여기서 20년 가까이 살았다.

첫딸인 슬기가 결혼하면서 쌍용아파트를 팔고 계양1차 하우스토리아파트로 이사했다. 그 후에 쌍둥이들이 모두 결혼하면서 전용면적 59m²인 이편한세상 부평그랑힐스를 분양받아 지금 살고 있다.

II. 선화여중에서의 교사 생활

선화여중 교사 부임

교사 생활을 시작하다

내가 어렵게 성균관대학교 화학공학과를 졸업하고 사회에 진출하던 시기는 정부에서 중화학공업을 대대적으로 육성하던 시기였다. 교사가 부족해서 공대 출신들에게는 졸업할 때 본인이 신청하면 준교사 자격증을 발급해 주었다. 나는 자격증을 신청하여 '중등학교 준교사 화공' 자격을 취득했다.

처음부터 내가 교사를 하기 위해 교사자격증을 신청한 것은 아니었다. 그런데 이것으로 인하여 결국은 교사 생활을 하게 되었다. 신포시장에서 어머니가 하셨던 가게 맞은편에 있던 포목점을 하는 아주머니가 계셨다. 그분이 내가 교사자격증을 취득한 것을 알고 친척인 유경식 선화여중 교감을 소개해 주셨다. 나는 유경식 교감의 추천으로 선화여중에 들어가게 되었다.

선화여중은 선인재단 내에 있었고, 그곳은 유치원부터 대학원까지 16개 교육기관을 운영하고 있던 곳으로 전국에서 유명한 곳이었다. 나는 그런 내용을 전혀 모르고 교사 채용 응시를 하였고, 면접은 재단 이사장이었던 백인엽 씨가 직접 보았다.

사전에 국민교육헌장을 외워가야 한다고 했다. 면접을 보는 백인엽 씨 앞에서 국민교육헌장을 외운 나는 합격이 되었다. 나중에 안 일이었지만 필요한 교사 수만큼 사전에 모집하고 면접을 보았던 것으로 추측

한다. 내 인생을 바꿔 놓은 선화여중에서의 생활은 이렇게 시작되었다.

선인학원이라는 거대 사학은 여러 가지 면에서 인천 교육에 엄청난 영향을 미치고 있었다. 대학 시절에 많은 학생이 사회의 모순과 부조리를 개혁하고자 군부독재에 항거하며 치열한 삶을 살았다. 그러나 나는 그런 사회참여보다는 전통 무술과 단전호흡 등 우리 고유의 것을 좋아하고 찾아다녔다. 한 마디로 나 자신의 정신적인 구도에 관심을 갖고 수련을 갈망하던 아주 평범한 학생이었다.

이런 내가 대학을 졸업하고 1980년 2월 선화여중에서 사회의 첫발을 내딛게 되었다. 선인재단이 악명이 높다는 것을 몰랐던 나는 임용 첫해 수업계 업무를 맡았다. 수업 시간표를 작성하는 일과 매일 선생님들의 수업을 파악하고 조정하는 일을 담당하였다. 그러니 자연히 교사들의 변동 상황을 상세하게 파악할 수밖에 없었다.

당시 한 해 동안 학교생활을 하다가 그만두면서 바뀐 선화여중 교사의 수가 45명이나 되었다. 학교에 임용되고 하루 또는 며칠 만에 그만두는 선생님도 계셨다.

학교에 잘 다니다가 아무 말도 없이 출근하지 않으면 학교를 그만둔 것이었다. 당시 선인학원은 교원양성소라는 말까지 듣고 있었다. 학교에는 나이가 드신 선생님은 별로 없었고, 대부분 젊은 사람이었다.

각 학교의 교장들은 학생들의 성적이나 등록금 등 실적을 올리기 위하여 선생님들을 압박했다. 선생님들은 학생들의 성적을 올리기 위해서는 온갖 방법을 동원하였다. 나는 성적도, 등록금 납부 실적도 다른 교사에게 뒤지는 무능력한 교사였다.

당시 수학 과목을 담당하고 있던 나는 수학 공식이나 이런 것들을 무조건 암기하여 문제를 해결하는 것을 거부하고 원리를 이해함으로써 문제를 풀 수 있도록 지도했다. 그러다 보니 시험을 보면 내가 가르치는 학급은 다른 선생님들이 지도하시는 학급에 비해 반 평균 성적이 낮았다. 나는 2학년 학급 담임을 맡아 학생들을 지도하였는데 학급의 성적을 올리기 위해서 여학생들을 억압하고 매를 때리는 것을 하지 못했다.

그렇게 학생들에게 성적을 강요하지 못하여 반 평균 성적이 낮은 편이었다. 그러나 과목 담당 선생님들이 성적을 올리려고 노력하셨기 때문에 우리 반의 성적이 아주 낮은 편은 아니었다. 그렇지만 등록금도 학생들에게 강요하지 못하고 학교에서 원하는 기일 내에 완납시키지 못해서 교장에게 문책을 당하곤 했다.

이런 생활을 계속하다 보니 내가 능력도 없고, 이 학교에 적응하지 못하고 있다는 생각이 들었다. 그해 겨울방학이 되자 도저히 이 학교는 내가 있을 곳이 아니라는 생각이 들어 교장실로 들어가 사표를 제출했다.

당시 임공순 교장이 지금 그만두면 다른 학교로 갈 곳이 있는지 물어보았다. 그렇지 않다고 이야기하자 나를 설득하고 사표를 반려하면서 갈 곳이 생기면 언제든 사표를 받아주겠다고 하셨다. 그렇게 해서 선화여중에 계속 근무하게 되었다. 이 일은 내 인생의 또 하나의 전환점이 되었다.

학교에서 생활과 결혼

1980년부터 선화여중에 재직하면서 학교에서는 무능력한 교사로 취급을 받았지만 학생들과는 매우 친밀하게 지냈다. 내가 총각 선생이면서 아이들에게는 무섭게 대하지 않고 되도록 이해하려고 노력했기 때문인 것으로 생각한다.

학생들이 집으로 자주 놀러 왔고 집에 오면 사진을 보여 달라고 하였다. 그래서 사진을 꺼내서 보여주곤 했었는데 나중에 확인을 해보니 고등학교 시절 찍은 사진이라든지 젊었을 때 찍은 사진이 많이 없어진 것을 알 수 있었다. 집에 놀러 온 학생들이 가져간 것이었다.

당시 2학년 12반 담임이었던 나ㅇㅇ 선생님이 한번은 학생들 소지품 검사를 하였다고 한다. 한 학생 교복 가슴에 있는 작은 주머니 속에서 내가 고등학생 시절에 찍은 명함판 사진이 나왔다고 나에게 말씀하셨다. 나 선생님이 껄껄 웃으면서 "어! 이 녀석 봐라" 하시면서 다시 주머니 속에 넣어주었다고 한다. 그 학생이 집에 놀러 왔을 때 가져간 것으로 생각된다. 그 사진을 주머니에 넣고 계속 생활을 했다고 한다.

공ㅇㅇ라는 학생이었는데 나를 좋아해서 자기가 학교를 졸업할 때까지 기다려달라고 했던 학생이었다. 학생들이 생활하는 공간 속에서 교사와의 접촉이 많아지다 보니 총각 선생인 내가 이상형으로 인식했던 것이라 생각한다.

이 학생이 내가 결혼한다는 것이 알려지면서 자기가 졸업한 후에 결혼을 하라는 말도 하였다. 내가 결혼식 날짜를 잡자, 나에게 편지를 전해주었다. 그 편지에는 시가 적혀 있었는데 사랑이란 글귀가 많이 나오는 내용이었다. 사랑이라는 글은 모두 빨간 글씨로 적은 2장이 되는 편지였다.

나는 1981년 11월, 결혼을 했다.

선인학원의 실상

선인학원의 탄생과 팽창 과정

선인학원은 1958년 7월 육군 장성이었던 백인엽 씨가 성광학원을 인수하여 설립했다. 선인학원은 확장 과정에서 군사정권의 보호 아래 인근 주민들의 재산권을 불법적으로 침해했다. 이렇게 백인엽 씨는 치외법권적인 횡포를 자행함으로써 지역사회 주민의 원성이 매우 높았다.

학교 공사에 갖은 명분으로 학생들을 동원하였으며 교직원들도 벽돌 지게를 지기도 하고, 매를 얻어맞는 교사들도 많았다. 이런 과정을 거쳐 선인학원이 군사정부의 비호 아래 성장을 거듭하여 16개 교육기관을 거느리는 거대 학원으로 탄생했다.

선인학원이 팽창하는 과정을 살펴보면 1962년 항도상업기술학교를 개교했다. 1965년 3월에 학교법인의 명칭을 선인학원으로 바꾸고 초중고등학교, 전문대학교, 대학교 등을 설립하게 된다.

선인학원은 백선엽, 백인엽 형제의 가운데 이름을 따서 지었고, 각 학교의 명칭은 형제를 비롯한 가족들의 이름을 붙였다. 형의 호인 운산, 자신의 호인 운봉, 어머니의 이름인 효열, 아들의 이름인 진홍 등이 학교의 교명으로 쓰였다.

선인학원의 규모

인천이 직할시로 승격하고 인구가 180만 명에 이르던 1991년을 기준으로 하면 선인학원 산하 중고등학교 전체 재학생 수는 인천 시내 중고교 학생 수의 23%, 사립 중고교 학생 수의 47%를 차지하는 엄청난 규모였다.

인천이 직할시로 승격하기 이전, 인구 규모가 100만 명에도 못 미치던 60년대 및 70년대의 인천에서 선인학원 산하 중고등학교의 규모는 상대적으로 더욱 클 수밖에 없었다.

선인재단에는 진흥유치원, 효열초등학교, 선인중학교, 인화여자중학교, 선화여자중학교, 선인고등학교, 인화여자고등학교, 선화여자상업고등학교, 운봉공업고등학교, 운산기계공업고등학교, 항도실업고등학교, 인천체육고등학교, 인천전문대학, 인천대학교, 인천대 대학원, 인천대 교육대학원 등 16개 교육기관이 있었다.

선인학원의 비리 실태

선인학원 내에서는 조직적인 부정 입학과 편입학, 졸업장 판매 행위가 공공연히 이루어졌다. 편입생 모집에서는 정원뿐만이 아니라 편입학의 자격도 문제 되지 않았다. 누구든 일정 수준의 기부금만 납부하면 어느 때건 가능했고, 심지어는 인가가 나지 않은 학과에 학생을 모집하여 졸업시킨 경우도 있었다.

학생이 입학한 학과와 졸업장에 나타난 학과가 다른 경우도 있었다. 그런가 하면 전혀 학교를 다니지 않은 사람들도 일정 수준의 기부금만 내면 어엿한 졸업장을 받을 수도 있었다.

1981년에 제5공화국 정부가 출범하면서 선인학원에 대한 감사가 제대로 이루어졌다. 발표에 의하면 1979년 1월부터 1981년 3월까지 사이에 부정 입학 및 편입학한 학생의 총수가 9,900명, 거두어들인

기부금 총액이 당시 금액으로 61억 원에 이르렀다. 그 규모가 얼마나 엄청났는지 미루어 짐작할 수 있었다.

중학교 '무시험 입학제도'와 고등학교 '평준화 정책'이 시행되면서 추첨에 의하여 학생들이 중고등학교에 배정되었다. 새 학기를 앞두고 중학교 및 고등학교 신입생 배정에서 선인학원 산하의 학교로 배정된 학생의 집에서는 그야말로 초상집 같은 분위기가 되곤 했다.

선인학원의 실상

1980년 초의 선인학원은 부정과 부패, 암흑과 비리가 상존해 있는 동토의 왕국이었다. 선인학원의 모든 교직원과 학생들은 백인엽 왕국의 부속물로서 개개인의 인격과 인권이 철저히 무시되었다. 오로지 백인엽 씨의 뜻과 지시에 의해서만 학교가 운영되고 관리자들은 그의 눈치만 살피며 폭정에 시달렸다.

백인엽 씨는 그의 뜻에 어긋나는 행동을 하는 교장 등의 관리자를 학생들이 보는 앞에서 구타하는 일도 있었다. 학생들도 군부독재의 산물인 백인엽 씨의 뜻에 따라 모든 생활과 행동은 통제되었고, 학교생활 자체가 군대식으로 이루어졌다.

운봉, 운산, 항도의 교복과 가방은 사관생도의 복장을 흉내 내서 만들었다. 등하교 시에는 군인들이 제식훈련을 하듯이 선인학원 정문에서부터 열을 지어 학교까지 행진을 했다. 이처럼 학생들에게 군대식의 생활을 강요했다.

백인엽 씨가 선인학원을 개인의 소유물로 인식하여 파행적이고 독단적으로 학원을 운영했다. 교직원들은 물론 인천 시민들로부터 많은 원성을 샀다. 하지만 모든 재단 운영은 그의 뜻대로 이루어졌다. 상식적으로는 납득할 수 없는 일들이 비일비재하게 일어났다. 모든 구성원이 그의 뜻에 따라 움직였고, 그에 반하는 사람들은 재단을 떠날 수밖에 없었다.

그 당시의 실태를 보면 재단 내 각 학교에는 서무실이 존재하지 않았다. 납입금 납부 날짜가 되면 재단에서 서무 요원들이 각 학교로 파견되었다. 그들이 각 학교 서무실에서 등록금을 수납하여 재단으로 올라갔다. 각 학교에는 서무실이 있었지만 그것은 명목상일 뿐 실제로는 직원들이 근무하지 않는 빈 공간이었다.

3개월에 한 번 등록금을 받을 때만 사용하는 장소였다. 등록금 납부 기한은 3일이었다. 고지서가 배부되고 학생들에게 등록금을 받기 시작하면 단 3일 동안에 모든 학생이 등록금을 납부해야 했다. 만일 등록금 납부 실적이 저조하면 담임교사는 학교장으로부터 무능력자로 인식되었다.

교무회의 자리에서 납부 실태를 공개하여 망신을 주는 등 시달림도 받았다. 상당한 불이익을 감수해야만 했다. 교육에 앞서 돈만을 앞세운 교육 풍토라 할 수 있었다.

이런 이유로 교사들은 학교장으로부터 문책을 피하기 위하여 등록금 납부할 때가 되면 여러 가지 편법을 강구하여 기간 내에 학생들이 등록금을 낼 수 있도록 하였다. 능력 있는 교사(?)들은 등록금 낼 때가 되면 고지서가 나오기 전에 학생들에게 등록금에 관한 면담을 시작했다. 심한 경우에는 한 달 전쯤부터 시작했다.

납부 날짜를 지정하고 그 기간 내에 납부할 수 있도록 독려했다.

고지서가 발부되기 이전에 미리 학생들에게 등록금을 받아 보관하고 있다가 재단에서 서무 요원이 파견되어 나오면 납부하는 웃지 못할 일들이 벌어지기도 했다. 만일 그래도 학생들이 기간 내에 등록금을 납부하지 못하면, 학교장의 문책을 피하기 위해 교사가 등록금을 대납하고 추후에 학생에게 돈을 받는 사례도 있었다. 이렇게 대납한 돈을 받지 못하는 경우도 있었다.

열악한 선인학원의 교육 환경

선인학원의 교육 환경은 매우 열악하여 겉으로 보기에는 5~13층에 이르는 웅장한 건물이지만 내부 시설은 형편없었다. 시멘트로 마감한 교실과 복도바닥에서는 항상 시멘트 먼지가 일었다. 학교 운동장은 몇 학교가 공동으로 써서 교육과정상의 체육 수업도 정상적으로 수행할 수 없었다.

무엇보다도 학생들이 힘들었던 것은 높은 건물에 실내 화장실이 없었다. 쉬는 시간이 되면 학생들이 건물 외부에 설치되어 있는 재래식 화장실을 사용하기 위하여 경주하듯 계단을 뛰어 내려가야 했다. 실내에는 수도 시설도 되어 있지 않았다. 먹을 물과 청소할 물을 구하려면 역시 1층 외부의 몇 개 안 되는 수도꼭지에 줄을 서야 했다. 또한 한겨울에도 난방시설이 되어 있지 않아 추운 교실에서 외투를 입고 수업을 받아야 하는 웃지 못할 상황이었다.

내가 근무하던 선화여중도 7층 건물에 엘리베이터도 없고, 더군다나 실내에 화장실이 없었다. 여학생들이 수업이 끝나면 건물 외부에 있는 화장실에 가기 위하여 우르르 뛰어 내려와야 했다. 화장실 숫자가 충분하지 않아서 줄을 서서 기다려야만 했다. 아주 열악한 환경이었다. 다른 시설이나 교육 환경도 마찬가지였다.

교사들의 근무 현실

교사들은 교대로 예비군복을 입고 교문 앞에 보초를 서거나 순시를 돌았다. 야간에 숙직 교사는 매일 재단 당직사령실로 올라가 그날의 지시 사항과 암구호를 수령 받아 숙직 근무에 임하여야 했다.

또한 교사들은 방학이 거의 없고, 3일에서 일주일 정도 휴가가 끝나면 매일 출근하여 학교시설 보수나 페인트칠 또는 책걸상의 수리 작업에 잡역부처럼 동원되었다.

이에 불만을 품고 퇴직하려고 하면 퇴직금은 물론 당시 의무적으로 가입해야 했던 국민저축이나 연금 등을 포기해야만 임용 시 보관해 두었던 교사자격증을 돌려주었다. 일부 퇴직 교사들은 문교부로부터 교사자격증을 재발급받아 퇴직하기도 했다. 이렇게 해서 반환되지 않은 교사자격증은 무자격 교사를 채용하는 데 사용되기도 했다.

월급 전날 퇴직을 하여도 그달의 월급이 지불되지 않았다. 퇴직하는 교사들은 월급날까지 아무 말 없이 근무하다가 다음 날 나오지 않았다. 이런 실정이다 보니 과목 담당 교사가 1년에 3~4명 바뀌는 것이 보통이었다.

학교에 따라서는 1년에 40~50명에 이르는 교사들이 바뀌는 경우도 생겼다. 이러한 환경에 적응하지 못하는 교사는 어느새 다른 학교로 옮겨가고, 교사가 수시로 바뀌는 상황 속에서 학생들의 피해는 말로 표현할 수 없었다.

이런 분위기 속에서 매년 한 학교당 수십 명에 달하는 교직원들이 며칠이나 몇 달 근무 하다가 다른 학교로 가거나 교단을 떠났다. 선인학원의 근무조건은 열악하였으며, 인간적인 대우를 받지 못했다.

선인학원에 근무하는 교사들은 떠날 수 있는 기회만 있으면 미련 없이 떠나버렸다. 선인학원 내 교원 현황은 경력 있는 교사보다는 대부분 젊은 교사들로 구성될 수밖에 없었다. 재단 입장에서는 오히려 호봉이 낮아 교직원들의 인건비가 절감되는 상황이었다. 이러니 선인학원은 '교원 양성소'라고 하는 말까지 듣게 되었다.

교사들의 이동이 극심하여 학교 운영에도 심각한 영향을 끼치게 되었다. 재단에서는 이런 상황을 막기 위하여 교직원들의 근퇴를 철저히 파악했다. 각 학교에서는 교사들이 출근 시간이 되면 학교장은 재단에 상황 보고를 해야 했다. 재단에서는 각 학교에 순찰을 돌면서 근무 상황을 수시로 파악할 정도로 감시 감독이 철저하였다. 지각이나 결근을 하면 일정 금액을 봉급에서 삭감했다.

선인학원 분규의 시작

학교 민주화의 태동

1980년 초에 전국은 '서울의 봄'이라는 사회적 분위기 속에서 민주화의 열기에 휩싸여 있었다. 이러한 민주화와 자유화의 물결에 편승하여 재단 내 일부 교사와 학생들도 백인엽 독재하에서 억눌려 왔던 불만을 표출했다. 학생들은 군대식의 통제된 생활 속에서 벗어나 보다 자유롭고 민주적인 학교생활을 요구했다.

1980년 초에 운봉공고 학생들을 중심으로 육사 생도 복장의 교복 폐지, 커다란 가방 폐지, 두발 자율화 등의 슬로건을 내걸고 학교생활의 민주화, 자율화를 요구했다. 이런 요구는 재단의 통제를 받고 있는 관리자들에 의하여 받아들여지지 않았다. 이에 흥분한 운봉공고 기계과를 중심으로 학생 시위가 발생했다.

이 시위를 재단과 학교 측에서 막는 과정에서 시위는 운봉공고 전체로 확산되었다. 나아가 운산기계공고, 항도실업고 등 거의 모든 학생이 참여하는 양상으로 발전했다. 시위가 진행되는 도중 폭력화 되었다. 시위에 참여한 학생들이 재단 내 모든 학교를 순회하면서 창문을 부수는 등의 걷잡을 수 없는 불상사가 일어나게 되었다.

나는 선화여중에서 교사 생활을 시작한 지 얼마 되지 않은 시기였기 때문에 이러한 폭력 사태에 대해 잘 이해하지 못했다. 선인재단과 백인엽이란 사람이 어떤 사람인지 몰랐고, 다만 빨리 학교가 안정되기를 바라는 마음뿐이었다. 더군다나 이러한 분규에 내가 휩쓸리게 되리라고는 생각도 못 하였으니 말이다.

선인학원의 국가 헌납

1981년 선인학원은 설립자가 갖가지 부정과 비리로 대검 수사부에 구속 기소됐다. 5년 징역이 선고된 후에, 백인엽 씨는 업무상 횡령으로 밝혀진 재산을 양도, 헌납하고 선인학원을 국가에 헌납했다. 그 결과 문교부는 1981년 4월 선인학원에 관선 이사진을 파견했다.

선인학원이 국가에 헌납되었으니 모든 재산을 국고로 귀속시키고 산하 각 학교 중 인천대와 전문대는 국립대학으로, 초중고교는 공립학교로 전환해야 했었다. 하지만 문교부 일부 실무진으로부터 국공립화 추진의 현실적인 문제점들이 제기된다.

국가 재정 규모로 보아 두 개의 국립대학을 신설, 운영하기 어려우며, 특히 경기도의 재정 형편으로는 무려 14개교에 이르는 공립학교를 인수, 운영할 능력이 없다는 것이었다.

관선 이사진은 열악한 교육 환경의 개선과 교직원의 처우 정상화를 위해 노력했지만 상황은 좋지 않았다. 백인엽 씨가 서울지방법원으로부터 5년 징역을 선고받았으나 1981년 8월 31일에 열린 항소심에서 선인학원을 국가에 헌납한 정상이 참작되어 3년 징역에 4년 집행유예가 선고되어 석방된다.

백인엽 씨가 출옥하면서 각 학교 교직원의 분위기가 서서히 변하기 시작했다. 설립자의 추종 세력이 그대로 남아 있는 상황 아래에서는 근본적인 문제는 해결될 수 없었다. 결국 그 세력의 업무 방해를 받아온 이사장은 퇴진하였다. 설립자 측근을 중심으로 하는 이사 체제로 개편되었고, 실권이 다시 설립자인 백인엽 씨에게 넘어갔다.

백인엽 씨의 선인학원 복귀와 분규의 시작

관선이사가 물러나며 백 씨 측 추천 인사가 주도하는 새로운 이사회가 구성됐다. 선인학원에 대한 문교부의 공식적인 처리 방침은 국, 공립화 추진이 아닌 건전한 사학으로의 육성으로 바뀌었다. 이와 함께 선인학원 각 학교의 분위기는 급속도로 관선 이사진 이전의 체제로 되돌아갔다.

측근 추종 세력들에 의하여 백인엽 씨의 복귀설이 학원 전체에

퍼져 나갔다. 다시 백 씨 측근들이 재단이나 각 학교 운영 전반에 관여하거나 영향력을 행사하기 시작했다.

1986년 2월 18일 제16차 이사회에서 백인엽 씨의 복귀를 확실히 해주는 조치가 취해졌다. 이호 이사장은 인사말을 통해 "학교법인 선인학원을 설립자에게 돌려주는 것으로 관계 당국의 방침이 확정됐다"고 보고했다.

1986년 새 학기 시작과 함께 백인엽 씨는 재단 내에 건설 본부를 설치하고, 자문위원이라는 명목으로 등장하면서 선인학원의 실질적인 주인으로 행세하기 시작했다. 선인학원 캠퍼스에 공식적으로 다시 모습을 나타냈다. 재단 사무국 일은 물론이거니와 각 학교의 고유 업무에 속하는 사항에 관해서도 일일이 보고 또는 협의를 하고, 결재를 얻어야 하는 체제로 바뀌었다.

그리고 선인학원 캠퍼스에는 수많은 공사가 벌어지기 시작했다. 처음에는 교육 환경 개선을 위해 공사가 진행되는 듯하였으나 조금 지나자 매우 이해하기 어려운 사태가 벌어졌다.

캠퍼스 한복판에 있는 잘 가꾸어진 잔디 구장을 파헤치고 거대한 공원을 꾸미기 시작했다. 무려 길이 90m, 높이 10m에 이르는 거대한 **인공 폭포(당시 동양 최대의 인공 폭포라 했음)**와 거대한 규모의 분수대를 조성했다. 납득하기 어려운 것은 인공 폭포와 분수대를 가동하려면 하루에 전기료만 100만 원이 소요된다는 것이었다.

이처럼 훌륭한 동양 최대의 인공 폭포와 분수대 그리고 수백만 원짜리의 정원수를 심으면서도 학생들이 필요로 하는 실험 실습 기자재나 단 한 권의 도서도 구입하지 않았다. 실험 실습 재료나 약품조차도 구입하지 않았다.

또 초여름에 접어들 무렵 선인학원 캠퍼스에 대규모의 벤치와 파라솔 설치 공사가 벌어졌다. 백인엽 씨의 복귀와 함께 일어나는 파행 운영에 대하여 교직원은 물론 학생들의 불평과 불만이 날로 증대되었다.

그러다가 인천대학에서 학내분규가 일어나 휴교령이 내려졌고, 5명의 학생이 구속되는 등의 사태가 발생했다. 백인엽 씨는 이러한 사태의 책임을 지고 물러나면서 선인학원 복귀는 실패했다.

선화여중 교사협의회가 출범하다

1984년에 김관영 선생이 선화여중으로 전입해 오시면서 선화여중 과학실에서 근무하고 있었던 나는 그분과 같이 명상을 시작했다. 수업이 끝나면 쉬는 시간에도 의자에 앉아 명상을 하다 수업에 들어가곤 했다. 수업이 비는 시간에는 과학실 바닥에 매트를 깔고 명상을 했으며, 걸어가면서도 명상을 하였다.

그때가 내 인생에서 있어서 가장 편하고 안정된 상태를 유지하면서 아름다운 생각을 하며 지냈던 시절이었다고 생각한다. 세상에 부러울 것이 없이 편했으니까.

1980년부터 선화여중에 근무하면서 나는 한 달에 2~3일을 제외하고 거의 매일 술을 마셨다. 그렇게 학교에서 받는 스트레스를 해소했다. 담배는 하루에 2~3갑 정도 피우는 골초였다. 항상 술에 취하고, 담배에 찌들어 살던 나날이었다.

명상을 시작하면서 맑은 정신으로 살아야 하겠다는 생각이 들었다. 1985년 2월 20일, 전날까지 17년 정도 계속해 왔던 술과 담배를 완전히 끊었다. 그 후 현재까지 술과 담배는 하지 않는다. 그것이 지금까지 건강을 유지하는 단초가 되었으리라 생각한다.

1985년에는 당시 교사로 임용되면 무조건 교원단체총연합회(교총)에 가입하여 회비를 내는 것이 현실이었다. 나는 교총이 교사들에게 아무런 혜택을 주지 못하면서 계속 회비를 받는 것에 대한 문제의식을 느끼고, 서무실에 내려가 교총 탈퇴를 했다. 그런 사실이 홍석천 교장에게 보고되자 교장실로 불려 들어가게 되었다.

교장이 나에게 왜 교총을 탈퇴한 것이냐고 하면서 다시 가입하라고 했다. 내가 취소하지 못한다고 하자 교총 탈퇴가 알려지면 학교가 문책을 받게 된다며 교총 회비를 학교에서 대신 내주겠다고 했다.

여름방학 때는 그동안 방학도 없이 학교에 출근하여 여러 가지 작업을 하였던 것에 대한 문제를 제기했다. 여름방학이 시작되면서 김관영 선생과 교무실 바닥에 앉아서 항의를 했다. 그 결과 방학 중의 휴가 등 근무 개선에 대한 교장의 약속을 얻어냈다. 이때의 나는 학교의 모순을 해결하고자 하는 개혁 의지를 가지고 행동한 것은 아니었다. 단지 나의 불편을 해소하고자 하는 생각뿐이었다.

민주화의 요구가 분출되던 사회적 분위기 속에서도 당시의 나는 사회적인 활동의 참여는 생각하지 못하고 있었다. 다른 사람들 앞에 나서서 무엇인가를 한다는 자체를 좋아하지 않았다. 재단의 횡포 속에서 무너지는 교권을 지키고, 학생들을 보호하며, 학생들이 올바른 교육을 받을 수 있도록 해야 한다는 인식조차 하지 못하고 있었다.

학생들에게 문제가 생기면 불이익을 받고 있는 것에 대응하여 문제를 해결한다는 소극적인 생각을 가지고 있을 뿐이었다. 교총이나 방학 중의 문제 제기는 내가 받고 있는 불이익에 대한 불만의 표시였다고 생각한다. 단지 남들이 내 세계를 침범하지 않기를 바랐을 뿐이다. 당시의 나는 교육개혁을 갈망하는 참교육을 지향하는 교사는 아니었다.

1988년 6월 항쟁과 대통령 직선제의 시행 이후 우리 사회에는 서서히 민주화의 바람이 불고 있었다. 이러한 민주화 바람은 사회 전반으로 확산되면서 많은 대학과 초중고등학교에서 교수협의회와 교사협의회가 만들어졌다. 인천대와 선인학원 각 학교에서도 교수협의회와 교사협의회가 발족했다. 선인학원 정상화 투쟁의 토대가 마련된 것이었다.

1889년 2월 초 어느 날 내가 근무하고 있던 과학실로 평소에 가깝게 지내던 몇 분 선생이 찾아왔다. 저녁에 퇴근하고 제물포역 앞의 다방에서 보자고 했다. 퇴근 후에 나가보니 황재익, 권순찬, 김재환, 신동훈 선생 등이 나왔다.

이분들이 말씀하시기를 선화여중교사협의회를 만들었다고 한다. 당시 나는 교사협의회를 만드는 것조차 모르고 있었다. 그런데 회장에 내정되었던 분이 갑자기 교사협의회 탈퇴를 했다고 한다. 그러니 나에게 회장을 맡아달라고 사정을 했다.

나는 교사협의회 회장에 대한 생각도 없었고, 능력도 안 된다고 생각했다. 그래서 못한다고 하였지만 교사협의회가 깨지게 되었다면서 간곡하게 부탁을 했다. 그런 사정으로 인하여 어쩔 수 없이 회장을 맡게 되었다. 지극히 평범한 교사 중의 하나였던 나의 삶이 이를 계기로 180도 바뀌게 되는 일이 발생한 것이었다.

교사협의회 회장으로 선출된 후 고ㅇㅇ 당시 교장이 어머니에게 전화를 했다. 또한 당시 치안본부에 근무하던 형에게 전화하여 동생을 잘 관리하라고 했다고 한다. 형은 동생이 성인인데 본인이 다 알아서 할 것이니 다시는 전화하지 말라고 호통을 쳤다는 것을 나중에 들었다. 집사람에게도 전화를 하는 등 괴롭히기 시작했다.

교장은 나에게 "당신 백인엽 장군이 어떤 사람인지 아느냐. 밤에 조심해서 다녀라"라는 등의 협박(?)을 하기도 했다. 인근 동부경찰서에서는 형사가 학교에 찾아와 나의 동향을 파악하고 정보를 수집하는 일도 벌어졌다.

나를 가만히 놔두었으면 적당히 지냈을 것이다. 그런데 이런 탄압과 협박을 받게 되면서 오히려 문제의식이 생기고, 이대로는 지낼 수 없다는 생각을 하게 된다. 그러면서 더욱 학교와 교육 문제에 대하여 관심을 갖게 되었고, 학내 문제 해결에 더욱 적극적으로 활동하게 되었다.

그동안 재단의 횡포에 침묵해 왔고 학생들에게 무책임했던 나 자신에 대한 반성을 했다. 또한 사회 민주화의 열망, 학생들의 권리 보호에 대한 현실에 눈을 뜨게 되었다. 그동안 나 자신 속에만 갇혀서 세상을 좁게 보았던 것에 대한 반성이 나를 변화시키는 원동력이 되었다.

대부분의 교사는 앞에 나서서 적극적으로 활동하지 못했다. 이것은 학교 내부의 갈등에 대한 문제제기를 했을 때 돌아올 수밖에 없는 불이익에 대한 불안감 때문이라고 생각한다.

그런 속에서 다른 교사들에게는 내가 하나의 대안으로 떠오르게 되었고 이것이 내 인생이 변화하게 되는 계기가 되었다.

인천 사립학교 교사협의회 활동

선화여중 교사협의회 회장이 되면서 인천 시내 사립학교 교사들의 모임에 참여했다. 이렇게 사립학교 교사들이 활동을 시작하면서 사립학교 교사협의회를 결성하고 현안에 대한 협의를 시작했다.

선인학원에서는 주로 운봉공고 원학운 선생님과 내가 참여했다. 제물포역 맞은편 지하에 있는 올리브경양식에서 만나곤 했다. 선인재단 내 교사들에게 연락하고 약속을 잡고 나가면 원학운 선생님과 둘만이 나와서 다른 분들을 기다리는 경우가 많았다. 사립학교교사협의회 활동을 하면서 점점 더 교육 문제에 적극적으로 참여하게 되었다. 이러한 활동으로 사립학교의 현안을 해결하는 성과도 있었다.

선인학원 교사들의 활동이 시작되다

선인학원은 설립자의 온갖 비리와 부정으로 점철된 사학비리의 온상이었다. 중간 관리자들은 설립자에게 무조건적인 복종과 맹목적인 충성을 강요했다. 또한 온갖 부당한 지시가 동조와 묵인하에 이루어졌다.

선인학원 내 각 학교의 교육은 오로지 재단의 획일적인 통제로 교육의 자주성과 자율성은 찾아보기 힘들었다. 부당한 교권 침해로 교직원들의 권익이 보호받지 못하는 경우가 많았다. 재단 내 교사들은 창의적이고 합리적인 교육보다는 단순한 지식의 전달자로 전락하고 말았다.

그러나 민주화의 바람이 사회의 모든 분야로 급속히 퍼져가고 있던 1987년 후반 이후 선인학원 산하 초중고등학교 교사들 사이에서도 새로운 자각이 싹텄다. 87년 이후 소수의 젊은 교사를 중심으로 학교의 교육을 바로 세우려는 분위기가 자연스럽게 형성되고 있었다.

그러한 교사들은 교과서 채택이나 교복 지정, 각종 물품의 구매, 수학여행 경비의 징수와 집행, 학급 담임 교사의 배정 및 육성회 운영 등 일상적인 교내 문제의 처리 과정에서 관행화되어 있는 여러 가지 문제점들을 지적하고 개선하려고 노력했다.

이와 함께 이미 고정화되어 있는 각종의 파행적인 학사 운영 전반에 대해 이의를 제기하고 교육의 정상적인 운영을 주장했다.

각 학교에서 교사협의회가 결성되다

시간이 흐르면서 교사들의 이러한 활동을 보다 효율화하고, 침해받고 있는 교사의 권익을 보호받기 위하여 교사협의회와 같은 조직이 필요하다는 공감대가 형성되어 갔다. 즉, 산하 학교의 교육 정상화와 교권 수호를 위하여 교육 현장에서 일어나는 모든 부정과 비리, 반교육적 관행을 거부했다. 그리고 불합리한 인사제도를 개선하고 교육 환경 및 근무조건 개선을 추진했다. 또한 학생들의 학습권을 보장하자는 노력의 일환으로 교사협의회의 결성이 추진되기 시작했다.

그럴 즈음 한편에서는 설립자에 대한 충성을 다짐하는 일이 빈번해졌다. 학교의 관리비 일부가 설립자의 지시에 따라 학교 운영과는 관계없는 일에 유용되는 사례도 발생했다. 또다시 지난날의 악몽을 되살리는 일들이 빈번해졌다. 이러한 상황이 되자 교사들은 서서히 위기의식을 느끼고 여건이 마련된 학교부터 교사협의회를 결성하기 시작했다.

1987년 9월 25일 항도실업고등학교에서 첫 교사협의회를 결성했다. 이것을 계기로 운봉공업고등학교, 인화여자고등학교, 선화여자중학교, 선인중학교, 운산기계공업고등학교, 인화여자중학교 교사협의회가 결성되었다.

선인학원교사협의회 결성과 활동

이렇듯 교사협의회가 결성된 학교에서는 이 협의회를 통하여 학교 운영상의 많은 문제점을 지적해 나갔다. 학교장들도 협의회의 존재를 의식하고 학교 운영의 개선에 어느 정도 협력하는 분위기가 형성되었다.

그러나 교사들이 제기한 문제는 대부분 재단과 연관되어 있었다. 학교 관리자들은 재단의 지시에 따라 움직이고 있었기 때문에 문제점을 해결하기 위해서는 한두 학교의 힘만으로는 불가능했다. 결국 각 학교 교사가 연합할 수 있는 방법을 모색해 나갔다.

1988년 12월경부터 9개 중고등학교 교사가 모여 학교 간의 소식을 교환하였다. 겨울방학 동안 교장, 교감 그리고 영향력 있는 주임 교사들이 설립자의 자택을 다녀왔고, 설립자가 머지않아 선인학원에 복귀하리라는 소식을 접하게 되었다.

다시는 과거의 부정적인 일들이 되풀이되어서는 안 된다는 위기의식 속에서 교사들이 힘을 모으기로 합의하고, 협의체 구성을 위한 준비 작업에 들어갔다. 창립선언문과 정관을 작성하고 2월 중에 창립대회를 열기로 합의했으나 주위의 여건이 성숙하지 않아 연기했다.

교사들의 이러한 움직임을 알게 된 재단과 각 학교 관리자들은 교사협의회 결성을 저지하기 위한 여러 가지 조치를 취했다. 교사 개인 면담을 하거나 관리자들이 교사들의 동선을 통제하는 등 교사협의회에 참석하지 못하도록 방해했다.

　재단과 각 학교 관리자들의 방해에도 불구하고 1989년 3월 18일 200여 명의 중고등학교 교사들이 참여한 가운데 선인학원교사협의회를 정식으로 결성했다. 선인학원 전체 교사 수 670여 명 중에서 거의 과반수에 가까운 300여 명의 많은 교사가 가입했다.

　이는 선인학원 내의 교사들이 그만큼 설립자의 전횡, 부정과 비리, 사학비리의 온상으로서 교육 현장의 모순과 관리자들의 횡포에 시달려왔다는 것을 알 수 있다. 그렇기 때문에 학원 민주화를 바라는 열망이 교사들의 마음속에 공감대를 형성할 수 있었던 것이라 할 수 있다.

　교사들의 인권이 철저히 유린당하던 당시의 상황 속에서 개개인에게 돌아올 불이익을 감수하면서까지 재단의 문제점을 지적했다. 교사들의 권익 보호와 교육 현장의 개선을 위하여 교사들이 단결하고 한 목소리를 내기 시작했다. 이러한 교사들의 힘을 재단에서 무시할 수 없게 되었다.

　선인학원교사협의회는 1989년 3월 하순, 단위 학교가 당면하고 있는 문제점을 파악하기 위한 설문조사를 실시했다. 그 결과를 종합한 "학원 제반 문제에 대한 건의서"를 작성하였다. 선인학원교사협의회는 89년 4월 7일 위 건의서의 제출과 함께 이사장 면담을 요청했다.

　그리고 5월 중순까지 재단에 여러 번 공문을 발송했고, 이사장실을 방문했다. 그러나 이사장실은 항상 굳게 닫혀 있었으며, 성의 있는 답변을 듣지도 못했다.

　이 당시 나는 선화여중교사협의회 회장으로서 활동하고 있었으며, 학교 내에서도 교무회의 시간에 공개적으로 발언을 하여 교장에게 문제를 제기하기도 했다. 내가 20여 분간 발언을 한 것을 한 여교사가 녹음하여 나에게 보내주기도 했다. 그 녹음테이프는 여러 번 이사하는 도중에 분실하여 아쉽게 생각하고 있다.

이때 선인학원은 관선이사 체제하에서 운영되고 있었다. 그렇지만 학교 현장에서는 실제로 초중고 교장 등 간부들이 백인엽 씨 집으로 불려 가는 일이 잦아졌다. 학교 관리자들이 백인엽 씨의 지시를 받고 움직이는 현실이었다. 이것이 나중에 본격적인 선인학원 정상화 운동으로 확산되는 계기가 되었다.

선인학원교사협의회(약칭 '선교협')는 각 학교 대표가 공동대표 체제로 운영되었다. 선화여중교사협의회는 재단 내에서도 매우 적극적으로 활동하고 있었고, 나도 그 중심에 서게 되었다. 이렇게 활동하다 보니 여러 가지 정보와 협조를 얻기 위하여 외부와 연계할 수밖에 없었다. 이러한 상황 속에서 전교조 인천지부와 협력관계를 유지하게 되었다.

나는 급진적이기보다는 합리적이거나 보수적인 성향을 가지고 있었다. 그러나 재단이나 학교 관리자들과 투쟁을 하다 보니 자연스럽게 투쟁을 중심으로 하는 방향으로 바뀌어 가게 되었다. 이렇게 주위의 상황과 현실이 조용히 현실에 안주해 살던 나 자신을 바꾸어 놓았.

재단이나 학교에서 교사들의 목소리를 듣고 반영하며 조금이라고 개선의 노력을 했다면 상황은 달라졌으리라 생각한다.

전교조 결성과 선인학원 교사협의회의 해체

1988년 5월 28일 전국교직원노동조합이 결성되면서 교직 사회는 커다란 회오리 속에 휘말렸다. 전교조는 민족, 민주, 인간화 교육이란 기치 아래 과거의 교육 전반을 반성하면서 참교육을 통하여 그동안 파행적으로 실시되어 오던 교육 활동 및 관행을 과감히 척결하고자 했다.

참교육의 실현을 위하여 구시대적인 제도적 모순을 타파하여 교사가 교육 현장의 주체로서 교육 민주화를 이루어나갈 것을 주장했다. 인천에서도 1988년 4월 4일, 전교조 인천지부가 결성되었다. 정부에서는 전교조를 불법단체로 규정하고, 전교조에 가입하는 교사를 징계하면서 많은 교사가 교직을 떠나게 되었다.

이러한 바람이 선인학원 내에도 불어와 공동대표단 회의에서 심각하게 논의가 이루어졌다. 순수한 교사협의회로 남아 선인학원 내의 교육 환경 개선을 위해 노력해야 한다는 교사들과 우리 교육 전반의 문제를 해결하려는 커다란 흐름 속에 동참해야 선인학원 교육 현실이 개선될 수 있으므로 전교조에 가입하여 활동하여야 한다는 교사들의 입장 차이로 '선교협' 내부에서 갈등이 일어났다.

임시총회에서 '선교협'이 전교조 인천지부 산하로 들어가 선인학원 분회를 결성하기로 결정했다. 나는 선교협 활동을 하면서 선인학원 상황을 해결하기 위해서는 전교조 인천지부로부터 필요한 정보와 협조를 얻어야 했기 때문에 분회를 건설하는 문제에 찬성하는 입장이었다. 그러나 무리한 회의 진행으로 인하여 임시총회가 끝난 후에 많은 단위 학교 교사협의회 집행부가 불신임을 받았고, 결국은 '선교협'은 해체되었다.

선인학원 분규가 일어나면서 경험이 없는 선인학원 교사들은 여러 가지 상황에 대한 대응과 실무적인 처리에 관하여 전교조인천지부 조용명 지부장과 원종찬 선생의 도움을 받을 수밖에 없었다.

이런 과정 속에서 나는 전교조에 가입하게 되고, 전교조 인천지부 대의원을 맡게 되었다. 1988년 5월 28일 전국교직원노동조합이 결성되고, 같은 해 6월 25일 전교조 창립 대의원대회가 광주 전남대학교에서 열렸다.

나는 운봉공고 원학운 선생과 인천지부 대의원 자격으로 전교조 창립대의원대회 장소인 전남대학교에 갔다. 당시 엄혹한 현실 속에서 정부의 탄압이 거셌던 시기였다. 전교조 행사에 참여하면 징계를 하겠다고 했으며 행사가 열리는 장소는 원천 봉쇄되었다.

그래서 대의원대회 장소도 공개하지 않고 비선으로 연락을 하면서 행사에 참여하고 하던 시기였다. 창립대의원대회 장소인 전남대학교는 다른 곳에서 열린다고 공지하였기 때문에 아무런 제지 없이 대의원대회가 개최되었다. 대의원대회 도중에 대의원대회 개최 사실이 알려지면서 경찰이 학내로 진입했다. 전남대학생들이 경찰을 저지하는 동안 대의원대회에 참석한 교사들은 대피하게 된다.

인천지부 교사들은 사전에 대의원대회가 끝나면 광주역에서 만나 올라오기로 약속을 했었다. 대의원대회장으로 경찰력이 침탈해 들어오면서 나는 전남대학교 밖으로 빠져나와 원학운 선생과 둘이 우왕좌왕했다.

광주는 처음이라 어떻게 해야 할지 길에서 헤매고 있을 때 타이탄 트럭 한 대가 앞에 서더니 어디까지 가느냐고 물어보았다. 그래서 자초지종을 이야기했더니 기사분이 광주역까지 태워주겠다고 했다.

그분은 목적지가 송정리라고 하셨는데 광주역과는 방향이 달랐던 것으로 기억한다. 나와 원학운 선생은 그분 덕분에 광주역까지 무사히 갈 수 있었다. 아무런 대가도 없이 누군지도 모르고 연고도 없는 우리들을 광주역까지 태워다주신 기사 분께 지금도 고마움을 느낀다.

이런 것이 5.18 광주민주화운동을 겪으면서 광주 시민들에게 자연스럽게 형성된 광주 정신이 아닐까 생각한다. 이렇게 광주역에 도착하여 함께 인천에서 내려온 교사들과 만나 무사히 인천으로 돌아올 수 있었다.

정부에서는 교사들이 노동조합을 만드는 것은 불법이라고 했다. 그래서 현장에서 체포되거나 신분이 공개된 교사들을 국가공무원법 위반 혐의로 징계를 단행했다. 정부는 42명의 교사를 구속하고, 1,527명의 교사들을 파면, 해임하는 등 강경하게 탄압했다. 이후 해직 교사들을 중심으로 한 전교조의 합법성 쟁취 투쟁이 이어졌다.

범 선인학원정상화추진위원회의 재단 정상화 투쟁

각서 파동이 발생하다

설립자의 전횡과 간섭에 의해 각 학교의 운영자금이 유용되었고, 학교시설은 상상할 수 없을 정도로 열악했다. 교사들은 인권이 철저히 유린당하던 당시의 상황 속에서 개개인에게 돌아올 불이익을 감수하면서 재단의 문제점을 지적했다. 교사들은 권익 보호와 교육 현장의 개선을 위해 단결하고 한 목소리를 내게 되었다.

이러한 선인학원 교사들의 결속에 의해 설립자의 재복귀 문제가 제기되었을 때 많은 교사가 교사협의회에 참여했다. 그러나 전교조와의 관계 설정을 계기로 선인학원교사협의회(선교협)이 홀로 서지 못하고 해체됨으로서 많은 아쉬움을 남기게 된다.

선교협의 활동은 설문조사를 통하여 교사들의 의견을 수렴하고 이사장 면담을 추진하는 등 활발하게 진행되었다. 선인학원 교사 신문 1, 2, 3호를 발행하여 선교협의 활동을 전체 교사들에게 홍보했다. 이렇게 조직적이고 체계적으로 교사협의회 활동을 할 수 있는 기틀을 마련했었다.

선교협이 해체된 이후 각 학교 교사협의회의 활동이 재단의 문제보다는 단위 학교 중심으로 진행되었다. 그러던 가운데 1991년 4월 22일 갑자기 재단 내에서 교직원들에게 "선인학원에 근무하면서 알게 된 모든 비밀은 철저히 보안 조치할 것이며, 만약 비밀을 누설하였을 시에는 어떠한 처벌도 감수하겠다"는 내용의 각서를 그날 중으로 써낼 것을 요구하게 된다.

이 각서를 접한 선인학원 내 교사들은 설립자가 재단에 재복귀하기 위한 사전 작업이라고 판단하여 문제의 심각성을 느꼈다. 각 학교 교사가 모여서 회의를 하고 공동대처 방안을 의논한 결과 각서를 제출하지 않기로 결의했다.

선인학원 교사협의체 구성을 결의하다

교사들의 강력한 반발을 눈치챈 재단에서는 크게 물의가 일어나는 것을 우려하여 다음 날 이 각서를 취소하고 이미 받아 놓은 각서도 폐기했다.

그러나 재단 측의 의도와는 달리 이 각서 파동은 초중고 교사들의 결집을 촉진시키는 계기가 되었다. 초중고 교사들은 몇 차례 모임을 통해 여러 가지 상황을 종합해 보았다.

1991년에 이르러 초중고 교장 등 간부들이 백인엽 씨의 집으로 불려 가는 일이 잦아지는 등 1985~86년과 비슷한 상황이 일어나고 있다는 것을 확인했다. 결국 백인엽 씨의 재복귀 움직임이 가시화되고 있다는 데 의견을 같이했다. 그 결과 무슨 일이 있어도 이를 저지해야 한다는 공감대가 형성되었다.

모든 교사가 실질적으로 배후에서 영향력을 행사하고 있는 설립자가 다시 복귀하게 되면 선인학원 내의 교육 환경은 더욱 황폐해질 것이라고 생각했다. 설립자의 재복귀를 저지하기 위해서는 다시 교사들이 힘을 합쳐야만 난국을 극복할 수 있으리라고 판단했다.

각 학교 교사는 다시 교사협의체 구성의 필요성을 절감하여 교사협의체의 구성을 추진하기로 합의했다. 각 학교 교사가 수시로 연락하고 협의하면서 대응해 나갈 것을 또한 결의했다.

인천대학교와 연대를 추진하다

인천대 교수협의회의 활동을 전해 들은 교사들은 인천대와의 연대를 모색하게 된다. 이를 위한 대화는 운산기계공고 장재선 선생과 인천대 안경수 교수 사이에서 이루어져 1991년 5월 31일 첫 만남이 이루어졌다. 인천대 예비군대대 사무실에서 이루어진 이 모임에는 안 교수와 7명의 교사(운봉공고 – 원학운, 유무형, 운산기공 – 장재선, 선화여중 – 이세영, 인화여중 – 정창현, 인천체고 – 안정애, 박향숙) 등이 참석하여 여러 가지 상황을 종합적으로 논의했다.

그리고 재단 정상화를 위해서는 대학과 초중고의 공동 노력이 필요하다는 데 뜻을 같이하게 되었다. 이러한 공감대가 형성되자 91년 6월 19일 「인천일보」에 "선인학원 이사장 및 임원 여러분께 드리는 공개 질의"라는 광고를 인천대학교 교수협의회 운영위원회 명의로 내게 된다. 이 광고는 선인재단 내외에 엄청난 반향을 일으키게 되었다. 그리고 인천대 교수협의회와 초중고 교사들의 공동체 구성을 촉진시키는 계기가 되었다.

선인학원정상화 교사추진위원회를 추진하다

이후 91년 6월 24일 주안에 있는 한 음식점에서 교수협의회 장석우 회장 등 10여 명과 나와 원학운 등 중고 교사 대표 10여 명이 만나 투쟁기구 결성과 서명운동 전개, 투쟁 방법, 행동 목표 등에 관한 내용을 합의했다.

이와 같이 재단 정상화의 당위성을 확인하고, 대학, 전문대의 교수 및 초중고 교사들이 공동의 투쟁 기구를 결성하기로 했다. 그리고 재단 산하 전체 교직원을 대상으로 대대적인 서명운동을 전개하고, 이를 대통령 및 정부 당국에 청원하기로 합의했다. 교수, 교사들은 가칭 '범 선인학원정상화 추진위원회'를 결성하기로 했다. 6월 27일 초중고 교사 대표들이 회합을 갖고 우선 '선인학원정상화 교사추진위원회'를 결성하기로 했다.

대정부 청원 서명 전개

대정부 청원을 위한 활동은 즉시 행동에 옮겨졌다. 선인학원은 국가에 헌납된 학원이었다. 따라서 선인학원 정상화의 책임과 권한은 정부(교육부)에 있으므로 선인학원 사태의 심각성을 알려 정부의 결단을 촉구하는 것이 가장 효과적인 방법이라고 생각했다. 집중적인 논의와 검토 끝에 6월 29일에 작성된 "선인학원의 정상화를 위한 대정부 청원서"를 작성하여 서명을 받았다.

범 선인학원정상화 추진위원회(약칭 '범선추') 집행부는 선인학원 산하 1,300여 명의 교수, 교사 및 직원에게 선인학원 정상화 투쟁에 참여할 것을 호소하면서 7월 초부터 서명을 받기 시작했다.

서명운동이 전개되자 범선추 학교별 추진위원과 학교 간부 사이에는 치열한 신경전이 벌어지게 되었다. 교수, 교사 및 직원들을 설득하여 서명을 받는 추진위원들과 이를 저지하려는 학교 간부는 험악한 상황으로 치닫기도 했다.

인천대에서는 그동안 집요하게 추진해 온 교협 탈퇴 작업을 표면화시켜 미리 작성된 탈퇴서에 서명을 받는 작업을 본격화했다. 그 결과 교협 탈퇴 교수는 7월 말까지 90여 명에 이르고, 9, 10월에도 계속되어 103명에 이르게 되었다. 전체 150여 명의 교수 중 50여 명만이 남게 되었다.

초중고등학교에서는 일부의 간부들을 제외한 대부분의 교장과 학교 간부들이 전체 교직원 회의를 소집하거나 혹은 교사 개개인을 불러 '신분상의 불이익'을 강조하며 서명을 저지하기 위해 총력을 기울였다.

인천전문대는 1986년의 학원 분규 당시 교수, 학생들이 적극적으로 투쟁에 참여하였다. 그로 인해 받은 고난이 너무 커서 투쟁의 분위기를 다시 살릴 수가 없다고 하여 참여하지 못했다.

이렇듯 재단 및 각 학교의 총력을 다한 저지 공작으로 서명에 많은 어려움을 겪었다. 그러나 신분상의 불이익을 각오하면서도 이 청원에 11개 학교 초중등 교사 274명, 인천대 교수 46명, 인천대 직원 36명 등 모두 356명이 서명에 참여했다. 내가 근무하던 선화여중은 교사 42명이 서명에 참여했다.

범 선인학원정상화 추진위원회를 결성하다

1991년 7월 5일 오후, 인천대 인문과 1412호 세미나실에서 "범 선인학원 정상화 추진위원회"가 정식 발족했다. 산하 각 학교 간부가 설득과 위협을 가하며 참석을 저지하는 속에서도 '대정부 청원서'에 서명한 교협 교수 및 11개 초중고 교사 200여 명이 참석한 가운데 회의는 순조롭게 진행되었다.

먼저 '인천대학교 재단 정상화 추진위원회'가 결성되고 그 위원장에 장학식 교수가 추대된다. 이어 효열국민학교, 선인중학교, 선화여자중학교, 인화여자중학교, 선인고등학교, 인화여자고등학교, 선화여자상업고등학교, 운봉공업고등학교, 운산기계공업고등학교, 항도실업고등학교, 인천체육고등학교 등 재단 산하 초중고등학교 전부가 망라된 '선인학원정상화 교사추진위원회'가 결성되고, 위원장에 내가 추대되었다.

나는 그동안 선화여중 교사협의회 회장으로 활동하며 선인학원 정상화 운동에 매우 적극적으로 참여했다. 모든 회의나 집회에 빠짐없이 참석했으며 항상 투쟁에 앞장서서 활동을 했었다. 이것은 학교 교장의 문제나 재단의 비리 등 교육 현장의 모순을 개선하기 위한 투쟁에서 부정과 비리를 그대로 보고 넘길 수 없었기 때문에 앞에 나설 수밖에 없었다. 이러한 상황 속에서 적극적으로 투쟁했기에 각 학교 교사들의 추천이 있었다고 생각된다.

곧이어 12개 교육기관이 연계되는 "범 선인학원정상화 추진위원회"가 결성되고, 그 공동의장에 장학식 위원장, 장석우 인천대 교협회장, 교사추진위원장인 나를 포함한 3인이 추대되었다. 결국 '범선추'는 선인학원 산하 14개 교육기관 중 인천전문대와 진흥유치원이 제외된 대규모 투쟁기구로 출범했다.

그리고 이 자리에서는 사전 회합에서 합의했던 대로 대정부 청원서 제출을 위한 대대적인 서명운동 등 강력한 투쟁을 전개하기로 결의했다.

범선추 소속 교사들은 범선추가 결성된 이후 열악한 활동 여건과 어려움 속에서도 신념을 잃지 않고 정상화 활동에 매진했다. 이러한 활동은 결국 선인학원이 시공립화되는 과정에서 핵심적인 역할을 하게 되었다.

선인학원의 비리 백서 작성과 명예훼손 재판에 휘말리다

대정부 청원서의 서명이 진행되는 동안 범선추 집행부는 또 하나의 작업을 추진했다. 청원 활동의 타당성을 뒷받침하고 선인학원의 비리와 파행의 실상을 밝히기 위한 비리 백서를 작성했다.

이 작업에는 장학식, 장석우, 나 이렇게 3명의 공동의장과 대학의 교수들과 중고교에서는 나와 황재익(선화여중), 정창현, 이재윤(인화여중), 김용환(선인중), 원학운(운봉공고) 교사 등이 참여했다.

인천대 공과대 학장실 등을 전전하며 2~3차례 기초자료의 수집과

정리 작업을 했다. 최종 문안 정리 작업은 7월 중순, 송도에 있는 길손모텔에서 3일간의 집중 작업 끝에 완성됐다.

"선인학원 현 재단을 전면 개편·정상화하여야 할 10가지 이유, 100가지 사례(제1집)"으로 이름 붙여진 이 비리 백서는, 1차적으로 80개 항의 구체적 사례를 제시했다.

범선추 집행부는 대정부 청원서의 제출을 청와대 사정수석 비서실에 제출하기로 하고, 1991년 8월 2일 대통령 앞으로 접수했다. 교육부는 9월 초에 인천대에 "선인학원 현 재단을 전면 개편·정상화하여야 할 10가지 이유, 100가지 사례"(이하 '백서') 조사를 위한 실태조사단을 파견했다.

교육부는 이 실태조사를 통하여 선인학원에는 면죄부를 주고, 범선추에 대해서는 학내 분규를 유발한 문제 집단이라고 규정짓는 판결을 내리려고 했다.

그러나 실태조사 과정에서 재단 이사진이 78억 원을 백인엽 씨에게 불법 유출하기로 한 사실이 확인되었다. 그러나 교육부는 이 사실을 크게 문제 삼지 않고 있다가 1992년 4월, 인천 시민의 모임이 이 사실을 폭로하고 나서야 이사진 승인 취소의 명분으로 삼았다.

1991년 9월 초, 장학식, 장석우, 나 이렇게 세 공동의장에게 인천지방검찰청에서 명예훼손 사건으로 조사할 것이 있으니 출두하라는 출두 지시서가 배달되었다. 내용은 범선추가 작성 배부한 백서의 항목 중 허위 사실에 의해 타인의 명예를 훼손한 부분이 있어 피해자들이 고발했다는 것이었다.

문제가 된 부분은 "백인엽 씨의 불법 부당 간섭에 대한 맹종 사례

제5항, 교원 보직인사: 교원 보직인사는 자격과 관계없이 오직 백인엽 씨에 대한 충성 여부만이 기준일 뿐입니다. 교감 자격증도 없는 충성파 K모씨는 S여상 교장으로 그리고 무자격의 K모씨는 추천 검정이라는 편법을 사용 교장으로 임명하였습니다"라는 것이었다.

검찰의 조사가 시작되자 재단 측 추종 교수와 직원들 사이에서는 "이제 세 사람의 교직 생활은 끝났다"는 소문이 퍼진다. 세 공동의장이 명예훼손으로 기소되는 것은 분명하며, 이 경우 선인학원 정관 제48조 1항(형사사건으로 기소된 자는 직위를 부여하지 않는다)에 의해 직위해제가 확실하다는 것이었다.

결국 K모 등 세 교장의 고발은 세 공동의장을 직위해제로 몰고 가기 위한 수순일 뿐이었다. 이를 위한 치밀한 계획이 진행되고 있는 것으로 알려졌다.

검찰의 조사가 일방적으로 재단 측의 기대대로만 이루어지지 않았다. 검찰의 처분 결과는 "벌금 30만 원의 구약식 처분"이었다. 검찰의 처분이 잘못되었다고 판단한 세 공동의장은 정식재판을 청구했다.

제1심에서 세 교장이 고발한 내용은 "위 적시한 사실은 진실한 사실로 위 학원 내의 교장인 김ㅇㅇ, 김ㅇㅇ, 고ㅇㅇ을 일컫는 것이다. (중략) 위 사실은 진실한 사실로서 오로지 학원 정상화를 위하여 선인학원 산하 교직원의 이익에 관한 것에 해당하여 위법성이 없다고 할 것이다"라고 판단하여 무죄를 선고했다. 1심 판사는 추미애 판사였다.

항소심에서도 검사의 항소를 기각하여 무죄 판결을 유지했다. 그러나 대법원에 의해 부분 파기 환송되어 벌금 20만 원으로 종결되었다.

교수, 교사의 파면과 분규의 확산

징계 파동이 시작되다

1991년 11월에 들어서면서 재단 측은 범선추 핵심 인물들에 대한 징계 준비 작업을 착실히 해나갔다. 징계 대상자는 인천대 교수 10여 명, 중고교 교사 약 10명, 인천대 사무직원 약 10명 선이 집중 검토되고 있다는 소문이 파다하게 퍼졌다.

12월 14일 인천대학교 인사위원회에서 장석우 교수에 대한 징계동의안이 통과되고, 12월 18일 징계위원회에 출석하라는 출석통지서가 발부됐다. 엄청난 분규를 몰고 올 징계 파동의 서막이 오른 것이다. 이것이 선인학원의 종말을 재촉하는 일이 될 줄은 아무도 예측하지 못했다.

인천대학교 교수협의회는 장 교수의 징계 저지를 위한 무기한 철야 대책 회의를 갖기로 했다. 12월 16일부터 무기한 철야농성이 시작되었고, 이 농성은 57일간이나 계속되었다. 철야농성에는 범선추 소속 중고 교사들도 참여함으로써 그 범위가 확대된다.

이 철야농성에는 나도 참여했다. 그 당시 인천대학교에는 고등학교 시절 선생님 두 분이 교수로 재직하고 계셨다. 생물 담당 교사였던 박규하 선생님과 영어 담당 교사였던 조ㅇㅇ 선생님이었다. 그런데 한 분은 친백(백인엽)파였고, 다른 한 분은 반백파였다. 반백이었던 박규하 교수님과는 같이 밤샘 농성을 하면서 고등학교 시절에 관한 이야기나 현 상황에 대한 의견을 나누곤 했다.

장 교수가 징계위원회에 출석하지 않자 2차 출석통지서를 전달했다. 12월 20일 11시에 출두할 것을 요구했지만 장 교수는 징계위원회에 출석 거부 통고를 보냈다. 징계위원회는 장 교수를 파면했다.

이러한 과정을 거치면서 언론의 집중적인 관심을 받게 된다. 이 사건은 후일 선인학원 시공립화의 결정적 계기를 조성해 준 '선인학원 사태를 우려하는 인천 시민의 모임'이 결성되는 계기가 되었다.

파면과 분규가 확산되다

1992년 1월 14일 범선추 교사에 대한 징계가 시작되었다. 나와 장재선 교사에 대한 징계위원회 출석요구서가 선인재단으로부터 전달된 것이다. 범선추 공동의장인 나에 대한 징계 회부는 충분히 예상된 것이었지만 초중고 교사추진위의 총무인 장재선 교사에 대한 징계 회부는 납득하기 어려운 조치였다.

결국 재단 측은 대학(장석우), 중학교(이세영), 고등학교(장재선)에서 각 1인씩을 징계에 회부함으로서 그 효과를 극대화하려고 했던 것이라 생각한다.

이런 사태에 직면하자 1월 15일 선화여중 교사 40여 명은 강력한 규탄 성명서를 발표했다. 학교 측의 협박과 방해에도 불구하고 나는 선화여중 4층 휴게실에서 무기한 철야농성에 들어갔다. 그 후에 2층 학생과로 농성장을 옮겨 철야농성을 했다.

선화여중 교사들은 나를 선화여중 교사협의회 회장으로 추대하여 이 상황까지 오게 되었으니 재단에 대한 대응에 적극적이었고, 모든 일에 함께 해주었다. 물론 재단 입장에 서 있는 교사들 입장에서는 못마땅해하기도 했지만 대놓고 말하지는 못했다. 학교 측에서도 내가 하는 철야농성에 대해서 큰 방해는 하지 않았다. 그만큼 대다수의 교사가 적극적으로 도움을 주었다.

이때는 겨울방학 중이라 학생들은 등교하지 않는 상태였다.

이 철야농성에는, 백인엽이 무서운 사람이기 때문에 무슨 짓을 할지 모른다는 생각에, 야간에는 선화여중 교사들이 함께했다. 그렇게 해서 내가 농성하는 도중에는 아무런 일도 일어나지 않았다.

두 교사에 대한 징계위원회는 1월 16일 재단 회의실에서 계획되었다. 징계위원회가 열리는 날 선화여중 황재익 교사협의회장 외 교사 20여 명과 교사추진위 학교 대표들은 X표를 한 마스크를 쓴 채 회의실 앞 복도에서 징계 철회를 요구하는 침묵시위를 전개했다. 나는 징계위원회를 거부하며 출석하지 않았다.

이날 침묵시위에서는 앞으로의 투쟁 과정에 중대한 의미를 부여하는 새로운 움직임이 나타났다. 인천대 학생 30여 명이 징계위원회 회의장을 점거하고, 회의실에 대기하고 있던 5명의 징계위원을 밖으로 내보내 징계위원회가 무산되었다. 그것은 인천대 학생들이 범선추의 재단 정상화 투쟁과 관련하여 집단행동을 나타내기 시작한 첫 번째 사례였다.

이 일은 사전에 교수나 교사들과 상의한 적이 없는 학생들의 자의적인 판단에 의한 행동이었다. 이 일을 계기로 인천대 학생들과 교수, 교사들이 연대하여 선인학원 정상화 투쟁을 위한 연대의 분위기가 고조되었다.

이날의 교사들 침묵시위와 징계위원회 무산은 MBC TV 9시 뉴스와 「한계레신문」 등 중앙지 및 지방지에 상세히 보도되었다. 또한 월간지인 「말」지에 자세하게 보도되어 이를 계기로 지역의 관심이 더욱 높아졌다.

교사 징계위원회가 열리던 날 회의장 앞에서 침묵시위를 벌인 후에, 얼굴이 알려진 원학운 교사는 재단으로부터 경고장을 받았다.

재단 측은 1월 20일 다시 징계위원회를 소집하지만 출두하지 않았다. "징계 내용에 대해 서면으로 진술할 것"을 요구하지만 서면 진술도 거부했다. 이것은 내 개인의 판단이었으며 선인학원정상화교사추진위원회의 입장도 마찬가지였다.

재단 측은 2월 1일자로 나를 파면했다. 이렇게 장석우 교수와 나, 장재선 교사가 파면되자 선인학원 정상화 투쟁은 범선추 모두의 투쟁이 될 수밖에 없는 상황이 되었다.

이때 나는 선화여중 3학년 3반 담임이었다. 우리 반 학생들도 내가 선인학원 정상화 투쟁을 하고 있다는 것을 알고 있었다. 그 당시에 영국의 사립학교에서 벌어지는 일련의 교육 활동을 주 소재로 하고 있는 〈죽은 시인의 사회〉라는 영화가 있었다. 그것을 우리 반 학생들이 간단한 연극으로 만들어 교실에서 공연을 한 적도 있었다.

그리고 학생들이 졸업을 하면서 담임인 나에게 3학년 3반 일동으로 하여 감사패를 선물로 주었다. 나에게는 무엇보다 값진 선물이었다.

나는 1992년 2월 22일 교육부 교원징계재심위원회에 파면 처분 취소를 청구했다. 재심 청구 이유서에는 징계 사유에 대한 반론을 제기하였다. 징계 사유 1)항에 대한 활동 경과와 범선추 활동의 합헌성을 주장했다. 세 교장의 명예훼손 문제는 선인학원 정상화라는 공익을 위한 것이지 개인의 이익을 위한 것이 아니었다고 해명했다.

또한 징계위원의 부당성을 지적했다. 사립학교법 제63조에서는 "교원징계위원회의 위원은 그 자신에 관한 징계사건의 심리에 관여하지 못한다는 제척사유를 규정하고 있음에도 불구하고 김ㅇㅇ 교장이 징계위원으로 자신의 명예훼손을 심리하였으므로 이는 심리가 객관성을 상실하고 징계를 보복적으로 자행한 증거로서 위법 부당한 것입니다"라고 주장했다.

5월 13일 교육부 교원징계재심위원회에 출석해서 청구한 내용을 진술했다.

5월 19일 "피청구인이 1992. 2. 1. 청구인에게 한 파면 처분은 이를 취소한다"는 교원징계재심위원회의 판정이 나왔다.

이유는 아래와 같다.

"범선인학원정상화추진위원회의 활동은 학원 및 교육 발전을 위한 교육자로서의 충정에서 비롯된 행위이다. 또한 사립학교법 제63조에는 '교원징계위원회 위원은 그 자신에 관한 징계사건의 심리에 관여하지 못한다'고 규정하고 있다.

이 건에서 '청구인(피징계인)에 대한 징계 사유의 하나인 명예훼손 행위에서 피해자인 김ㅇㅇ 교장이 징계위원회의 위원 중 1인으로 참여하였음'은 명백하며 이 경우는 위 법조의 제척사유에 해당됨에 의문의 여지가 없다 할 것이다.

따라서 징계위원회 구성에 관한 법정 요건을 위배한 이 건 징계처분은 그 효력이 없다 할 것이므로 주문과 같이 결정한다."

8월 12일 선인학원 교원징계위원회가 열려 파면 취소가 결정되었다. 그리고 9월 1일 선화여중으로 복직되었다.

이렇게 파면이 취소되어 복직이 된 것은 단지 서류의 법적 판단만으로 거저 주어진 것이 아니다. 이 기간 동안 이렇게 짧게 서술할 수 없는 수많은 일들이 일어났고, 시민사회가 들고 일어났으며 10만 인천시민의 서명과 뒷받침이 되었기 때문이었다.

특히 선화여중 선생님들은 내가 파면을 당하면서 급여를 받지 못하게 되자 40여 명의 교사들이 일정액을 각출하여 생활비를 지원해 주셨다.

파면 기간 동안 어려웠던 일은 경제적인 면도 있었지만 의료보험이 취소되어 병원에 갈 수 없는 일이었다. 내가 고등학교 시절에 축농증 수술을 했었다. 파면 당시에 코 상태가 좋지 않았다. 콧속에 염증이 생겨서 농이 부비동 안에서 잇몸 위쪽으로 흘러 내려왔다.

그러면서 잇몸뼈가 녹아서 처지면서 잇몸이 불룩하게 부어올라 그것을 제거하기 위해 사혈침으로 찔러 검붉은 농을 빼내기도 했다. 그렇게 제거하면 며칠 지나면 다시 농이 밀려 내려오곤 했다. 개인의원에 가서 진료를 하니 암일 수도 있다며 큰 병원에 가서 진료를 받으라고 했다.

그래서 복직되자 처음 한 것은 이비인후과 병원에 가는 것이었다. 가좌동에 있는 종합병원에 가서 수술을 하고 암 여부를 알아보기 위해 조직검사를 했다. 조직검사 결과 아무런 이상이 없었다. 녹아내렸던 잇몸 위쪽 뼈도 시간이 지나면서 원상태로 회복이 되었다. 지금은 완전히 정상이다.

파면 이후 활동

나와 장재선 선생은 파면된 이후에 재단 내에서 활동하기 힘들어져 정상화 투쟁을 보다 더 효율적으로 하기 위해 목요회 사무실을 임시로 빌려 사용했다. 사무실은 주안 현대아파트 앞 상가건물에 있었다.

목요회는 인천 지역사회의 제반 문제를 시민운동을 통해 해결하기 위한 활동을 목적으로 1989년 6월 29일 창립된 천주교와 개신교 성직자들이 발의해 만든 단체다. 91년 40명의 전문 직종에 종사하는 분들로 구성되어 있었다. 당시 대양개발이 계양산에 대규모 위락단지를 건설하려는 것을 막아내는 일에 적극 참여하고 있었다. 또한 목요회는 선인학원 문제가 곧 심각한 양상으로 확산될 것이라는 판단을 하고 있었다.

이곳에서 교사들은 퇴근 후에 모여 그날그날의 상황을 분석했다. 현 상황을 극복하기 위한 대책을 협의하여 대응책을 세웠다.

초중등에서의 투쟁 방향과 지침을 마련하여 홍보물을 만들고 성명을 발표하는 등 적극적인 활동을 했다. 재단의 움직임과 상황 변화를 일반 교사들에게 알려 재단 내의 교사들이 정상화 운동에 동참할 수 있도록 했다. 또한 시민모임, 인천대학과의 협의를 통하여 투쟁 방향을 설정하고 재단과의 전면전에 대처했다.

장석우 교수와 나 그리고 장재선 교사의 파면 이후에 선인학원 정상화 운동은 위축되어 범선추 핵심들의 심정은 참담했다. 만일 정상화 투쟁이 성공하지 못하고 실패한다면 백선엽 씨에 의해서 정상화 추진 세력 모두가 선인학원으로부터 쫓겨 나갈 것은 뻔한 일이었다.

모두가 배수진을 치고 투쟁에 임할 수밖에 없도록 주위의 여건이 조성되었다. 그리고 현 상황을 극복하기 위해서 최후까지 투쟁할 것을 결의했다.

선인학원 사태가 언론에 보도되기 시작하고 인천 시민들에게 알려져 관심을 갖기 시작하면서, 선인학원 사태의 본질을 시민들이 정확하게 인식하도록 하는 일이 시급한 과제였다.

선인학원은 인천 교육에 지대한 영향을 미치고 있었다. 선인학원의 정상화가 인천 교육의 올바른 자리매김을 위해서는 반드시 필요했다. 이런 내용을 시민들에게 알리는 작업은 선인학원 시·공립화 서명, 선인학원의 문제점, 투쟁의 당위성 등을 설명하는 자리나 유인물 배포를 통하여 이루어졌다. 이러한 일은 인천대 교수와 선인학원 교사가 성당이나 교회 등 종교단체의 방문을 통해 시작했다.

범시민적 투쟁의 전개

인천대 학생들이 투쟁에 참여하다

대학에서 일어나는 학내 분규에는 대부분의 경우 학생들이 앞장을 섰다. 특히 사립대학에서 재단과의 싸움에서 재단의 퇴진을 목표로 하는 경우에는 학생들의 참여는 필수적이다. 학생들의 참여 없이 교수들만의 힘으로 재단 퇴진을 목표로 하는 투쟁이 성공을 거둔 일은 없었다.

그러나 인천대 교협 교수들은 선인학원 정상화 운동을 전개하면서 학생들의 참여를 전혀 고려하지 않았다. 정상화 운동이 투쟁의 형태로 바뀔 수밖에 없는 상황에서도 학생들의 참여 제의를 거부했다. 1991년 4~5월에 걸쳐 교수협의회 총회에서 재단 문제에 대한 논의가 시작되면서부터 학생회 간부들은 깊은 관심을 보이기 시작했다.

그러다가 1991년 6월 19일 교수협의회가 인천일보 광고란을 통해 '선인학원 이사장 및 임원 여러분께 드리는 공개 질의'가 발표되자, 학생회 간부들은 교협과의 연대투쟁을 공식 제의했다. 이에 교수들이 재단 정상화 투쟁을 시작한 것은 교육다운 교육이 이루어지는 대학을 세우기 위한 교육적 신념 때문이었으니 교수들의 힘만으로 추진하겠다고 했다.

1991년 12월 14일 장석우 교수가 징계에 회부되고, 16일 이후 교수들의 철야농성이 진행되는 과정에서도 교협과 학생들 사이에는 아무런 협의 체계나 연대 체계가 형성되지 못했다. 이는 교수들과 초중고 교사 등 교원들의 노력만으로 재단 정상화 운동을 성공할 수 있다고 믿었기 때문이었다. 그러나 이러한 믿음과 기대가 어리석은 짓임을 깨닫는 데는 그리 긴 시간이 필요하지 않았다.

1991년 1학기와 2학기를 보내는 동안 인천대 및 전문대 학생들은 교수 및 초중고 교사들이 연대하여 추진했던 재단 정상화 운동 및 대정부 청원 활동 등과는 아무런 협력관계를 갖지 못했다.

교협 회장이 징계에 회부되고 교수들이 집단 철야농성을 전개하게 되자 학생들은 자연스럽게 교수들과 만나는 기회를 갖게 된다. 교협 교수들은 빈번한 기자회견이나 전국 사립대학 교수협의회 연합회 등 농성 관련 각종 회의 등에 참석하게 되었다. 학생들은 재단 정상화를 위해 모든 교수와 학생들이 연대 투쟁할 것을 호소하는 유인물을 배포하기도 했다.

학생들의 활동은 92년 1월 중순에 들어서야 조직적으로 전개된다.

1월 13일에는 총장실, 부총장실을 폐쇄하고, 14일에는 선화여상 앞에서 학원 정상화를 위한 유인물을 배포했다. 16일에는 총학생회장 등 50여 명이 총장실, 부총장실 점거 농성에 들어가는 한편, 나와 장재선 교사에 대한 재단의 징계위원회 개최를 봉쇄했다.

이러한 학생들의 움직임에 큰 힘을 준 것은 1월 20일에 발족된 '선인학원 사태를 우려하는 인천 시민의 모임 준비위원회'였다. 시민의 모임은 발족을 위해 목요회가 앞장을 섰으며, 이진 목사와 정희윤 목요회 간사가 주도하고 전교조 인천지부가 비공식적인 도움을 주었다.

시민의 모임의 발족은 인천대, 선인학원 사태가 대학이나 학원의 범위를 넘어 지역사회의 현안 문제로 부각되었음을 뜻했다. 학생들의 투쟁 참여에 피할 수 없는 명분을 제공하는 계기가 되었다.

인천 시민의 모임이 결성되다

1991년 봄부터 인천대를 중심으로 시끄러운 소식들이 지방지와 중앙지에 간간이 게재되기 시작했지만, 시민들의 관심은 별로 없었다. 1991년 6월 19일 인천대 교협 운영위원회가 「인천일보」 1면에 광고를 통해 '선인학원 이사장 및 임원 여러분께 드리는 공개 질의'를 발표하자 대부분의 시민은 '또다시 만성적인 분규가 시작되는 모양이군' 하는 정도의 냉소적인 반응이었다.

그 후 계속된 범선추의 대정부 청원 활동, 재단, 교육 당국과 교협, 범선추의 갈등 상황, 장석우 교수에 대한 징계 등이 추진되면서 시민들이 관심을 갖기 시작했다. 그동안 지역에서는 선인학원의 움직임에 관심을 갖고 지켜본 단체가 두 곳 있었다. 목요회(회장 김병상 신부)와 전교조인천지부(지부장 조용명)였다.

전교조 인천지부는 선인학원 산하 중고등학교에 전교조 조합원이었던 교사들이 많이 있었다. 전교조 인천지부는 그들을 통하여 선인학원 사태의 진행 과정을 파악하고 있었다. 선인학원은 인천 지역 사립 중고교 재학생의 47.3%나 차지하는 엄청난 규모의 학원이므로 깊은 관심을 갖는 것은 당연한 일이었다.

이들 단체는 인천대와 선인학원에서의 움직임이 과거에 있었던 많은 분규와는 그 성격이 다르다는 사실에 주목했다. 학생들이 중심이 된 재단 배척 운동 또는 교육 환경 개선이나 교수 배척 등의 투쟁과는 전혀 다른 것이었기 때문에 깊은 관심을 가지게 되었다. 교수, 교사, 직원들이 참여하는 새로운 양상이라는 점에 의미를 부여했던 것이다.

그러나 인천대 교협의 핵심 인물들은 전교조 등 재야 성향의 단체들을 철저히 기피하고 있었다. 목요회에 대해서도 별로 관심을 보이지 않고 있었다. 다만 강광, 윤용만, 윤찬원 교수 등 목요회 소속 교수들이 개인적 차원에서 목요회원들에게 사태의 전개 과정을 틈틈이 설명하면서 적절한 관심과 지원을 요구하는 정도였다.

시민의 모임 결성의 첫 계기는 1991년 12월 16일 인천대 교협 교수들이 장석우 교수의 징계 회부에 항의하기 위해 긴급 소집한 비상 총회와 기자회견 자리였다. 이날 목요회 회원 중 이진 목사와 정희윤 간사가 목요회 소속 교수들의 요청에 따라 기자회견 자리에 참석했다. 이를 계기로 목요회 회원들이 농성 장소를 방문하게 된다.

이즈음 12월 19일자 「인천일보」에 인천대 사태와 중재자 제하의 사설이 게재되었다. 현 상황을 '선인학원 사태'로 규정하고 친백, 반백

세력이 극렬히 갈라져 대립하고 있는 상황에서 향토 교육의 후퇴를 막기 위해서는 누군가가 중재자로 나설 것을 호소하는 내용이었다.

범선추에서도 '선인학원 정상화 없이 인천 교육의 발전은 불가능하다'며, '선인학원 재단 정상화 운동에 온 시민이 동참해 줄 것'을 호소한 "선인학원은 조속히 정상화되어야 합니다" 제하의 성명서를 통해 인천 지역사회의 관심과 개입을 직접적으로 요청하기 시작했다.

그러한 상황에서 징계에 회부되었던 장 교수가 1월 초 파면되고, 10여 일 후 나와 장재선 교사가 다시 징계에 회부되는 사태에 이르자, 목요회 내부에서는 깊은 관심과 논의가 이루어진다.

재단 측의 징계는 대량 징계로 이어질 것이 분명했다. 선인학원 사태는 또다시 인천의 교육계는 물론 지역사회 전체에 엄청난 파장을 몰고 올 것이라는 데 일치된 견해를 보였다. 이제는 지역의 뜻있는 인사들이 나서서 인천의 자존심을 지켜야 한다는 생각에도 공감대가 형성되었다. 그러나 무엇보다도 절실했던 것은 교수와 교사들의 대량 징계만이라도 막아보자는 데 반대하는 사람이 없었다.

그러나 투쟁해야 할 상대는 우리나라의 최대 사학기관인 선인학원이었다. 정부 내에 막강한 비호 세력을 갖고 있는 백인엽 씨를 상대로 하는 싸움이라는 점에서 쉽지 않은 일이었다. 이 힘들고 어려운 투쟁을 지역사회에서 함께 해준 분들이 있었다.

인하대학교 최원식 교수, 제2동인교회 이진 목사, 목요회 장희윤 간사 그리고 뒤에서 적극적으로 지원해 준 당시 주안1동성당 김병상 신부 등이었다.

> **시민의모임 준비위원장 최원식 교수의 회고담**
>
> "1992년 1월 초순이었을 게다. 그 어느 날 한 떼의 사람들이 우리 집에 몰려왔다. 이진 목사와 정희윤 간사, 이세영·조용명·원종찬 선생들이 그들이다. 나는 처음에는 정초에 놀러온 것으로 생각했는데 뜻밖에 심각한 일을 꾸미는 것이 아닌가? 선인학원 사태가 악화일로를 걷고 있으니 이제 시민들이 나서야 한다는 것, 그 모임에 내가 책임을 맡아야 한다는 것 그리고 실무적인 책임은 자기들이 다할 테니까 바쁘다는 핑계로 빠질 생각은 하지도 말라고 거의 협박이다. 눈치를 보니 여러 사람들이 사양을 하니까 자기들끼리는 최후의 카드로 나를 찍어놓고 이처럼 집단으로 강권하기로 한 듯싶다. 피할 도리가 없다. 더구나 선화여중 이세영 선생은 내 딸자식의 1학년 때 담임선생님이 아니었던가? 당시 내 딸아이는 중3이라 졸업을 코앞에 둔 시점이지만 이 선생이 '범 선인학원 정상화 추진위원회'의 공동대표로서 징계위에 회부된 상태라 파면이 임박한 형국이니, 학부모로서도 도저히 외면할 길이 없었다. 자식놈의 선화여중 추첨이 결국 애비를 이리 끌고 가는구나."

시민의 모임 준비위원장은 인하대 최원식 교수는 맡았다. 목요회 내부에서 인천 지역사회에서 신망이 높은 그가 나서 줄 것을 권유해서 어려운 십자가를 지게 되었다.

사무국장은 제2동인교회 이진 목사가 맡았다. 선인학원 뒷쪽에 위치한 도화3동에서 목회하면서 90년 송림동 매몰 참사 당시 수습위원으로 참여했다. 이 사건은 선인학원 운동장 등 부지 조성을 위해 절개하고 대충 쌓은 축대가 결국 무너진 사건이었다. 이 사건으로 주민 23명이 사망하였다. 선인학원에서 발생한 사건이지만 교직원들은 관계할 수 없었다.

이진 목사는 백인엽 씨 자택을 급습하여 농성을 하는 등의 투쟁을 지원하여 유족보상금 지급 문제를 해결하는 데 결정적인 역할을 했다. 또한 간사는 인천 NCC 인권위원회 간사를 역임한 목요회 정희윤 간사가 맡았다.

김병상 신부는 목요회 회장으로서 (천주교)인천교구청 총대리 신부, 정의구현전국사제단 의장 등을 맡아 군사정권과 투쟁하기도 했던 인천 지역 가톨릭계의 대부였다. 시민의 모임 출범 과정으로부터 그 후의 모든 활동 과정에서 물심양면으로 적극 협조해 주셨다.

1992년 1월 20일 인천중앙감리교회(담임목사 이춘직)에서 선인학원 사태를 우려하는 인천 시민의 모임 준비위원회 결성식과 함께 기자회견을 했다. 인천대 교협 교수들의 철야농성 돌입 이후 한 달 정도 지난 시기였다. 그리고 징계 파동이 중고교 교사에게로 확산되기 시작한(1월 14일) 이후 6일 만의 일이었다. 이 자리에서 시민의 모임은 그 결성 취지로 다음과 같은 세 가지를 제시했다.

첫째, 선인학원의 정상화 없이는 인천 교육의 질적 향상을 기대할 수 없다.
둘째, 선인학원은 11년째 비정상적인 상태로 방치되어 있다.
셋째, 그동안 선인학원의 정상화를 위하여 헌신해 온 교수, 교사, 학생들의 희생을 막고, 11년째 파행적으로 운영되어 인천 교육의 암적인 요소인 선인학원을 정상화하기 위하여 지금이라도 인천 시민 전체가 직접 발 벗고 나서서 관계 당국에 선인학원의 정상화를 촉구하는 시민운동을 전개해야만 한다.

이날 시민의 모임은 지역의 종교인, 대학교수, 변호사, 의사, 한의사를 비롯한 지역 인사 42명이 연명으로 참여했다. 30년 가까이 인천 교육계 및 지역사회의 최대의 두통거리였던 선인학원 문제를 근본적으로 해결하는 계기를 만든 거대한 첫걸음이 되었다.

선인학원 정상화 투쟁이 연합 체제의 활동으로 전환되다

시민의 모임 발족을 계기로 선인학원 정상화 투쟁은 인천 지역사회 전체의 문제로 부각되고, 시민운동으로 확산하는 계기가 되었다. 그리고 이 투쟁의 참여 범위도 시민의 모임을 중심으로 하여 교협 및 교사추진위는 물론 인천대와 인천전문대 학생들까지로 확대되었다. 또한 전교조의 지원 체제도 갖추어졌다.

범선추 교사 중에는 전교조 활동에 참여한 바 있는 교사들이 포함되어 있었다. 그들이 이미 징계를 받았거나 징계에 회부될 위기를 맞고 있는 상황이었다. 선인학원 정상화 투쟁에 전교조 인천지부의 참여는 필연적인 사항이었다. 그러나 전교조는 전면에 나서지 않고 뒤에서 돕되, 시민의 모임에 실무자를 파견하여 적극 지원하기로 했다.

전교조의 참여에 대해 교사들은 별문제가 없었다. 그러나 교수들은 전교조에 대한 부정적인 생각들을 가지고 있는 분들이 많았다. 또한 정부의 압박과 언론에서의 부정적인 보도로 인하여 전교조에 대한 인식이 지역에서도 좋은 것은 아니었다. 선인학원 투쟁에서 전교조가 전면에 나서게 되면 투쟁 자체가 왜곡될 우려도 있었다. 그래서 전교조 인천지부는 뒤에서 지원하기로 했다.

실무자로 세일고 해직 교사인 원종찬 선생이 파견되었다. 범선추 교사추진위의 간사 자격으로 실무를 맡아 시민의 모임이 추진하는 각종 행사의 기획이나 소식지의 편집 등의 업무를 맡아 처리했다.

시민의 모임을 중심으로 하는 연합체제는 1992년 1월 31일 오후, 섭리회수녀원(동구 송월동 소재) 회의실에서 첫 회의를 가졌다. 이날의 회의에는 시민의 모임, 교협 및 교사추진위의 교수 및 교사, 인천대 총학생회 간부 그리고 전교조 간부 등 40여 명이 참석하였다. 그리고 이 회의를 통해 선인학원 정상화 투쟁의 기본 방향과 골격이 정해졌다.

이 회의를 계기로 선인학원 정상화 투쟁은 '선인학원 시공립화 투쟁' 으로 그 목표가 분명해졌다. 이에 참여하는 각 조직체의 활동은 항상 긴밀한 협조 속에 조직적, 체계적으로 추진되었다.

시민공청회는 2월 13일 오후 6시 30분 도화동성당(정귀호 신부)에서 개최되었다. 이 공청회에는 인천 지역 각계 인사 및 선인학원 내 교수, 교사, 직원와 학생 등 700여 명이 참석했다. 주제발표자로는 선인학원 관계자, 범선추 관계자, 교육 전문가, 교육부 관계자 및 시민의 모임 등을 초청했지만 선인학원 측과 교육부 관계자는 참석하지 않았다.

이진 목사의 사회로 진행된 이날의 공청회에서 최원식 준비위원장은 인사말을 통해 '선인학원 사태는 인천 시민 자신의 문제'임을 강조하고 시민들의 참여를 호소했다. 그리고 범선추 공동의장인 장석우 교수는 선인학원의 교육 실상을 설명하고, 정상화 노력의 당위성을 강조했다. 인하대학교 교수인 윤영천 교수는 선인학원 정상화가 인천 교육 발전에 지대한 영향을 미친다는 사실을 강조했다.

학술원 회원인 김종철 박사의 선인학원 정상화를 위한 몇 가지 대안이라는 주제 발표에서 선인학원을 정상화하는 방안을 다음과 같이 세 가지로 제시했다.

첫째, 건전한 사학 경영자가 될 분에게 인수시키는 방안, 예를 들면 인천 지역 유지들이 힘을 모아 사학재단을 조직하여 인수하는 방안, 둘째, 인천직할시가 인수하여 시립화하는 방안, 셋째, 중고등학교는 공립화하고 대학교육기관은 국립화하는 방안 등이다.

도화동성당에서 개최된 공청회는 상당한 언론의 반응을 일으켰다. 선인학원 정상화 운동 세력이 총집결하여 세를 과시했다. 또한 운동의 목표를 분명히 제시함으로써 전열을 가다듬게 하는 계기가 되었다. 또한 교협, 교사추진위의 교수, 교사 및 학생들의 사기를 한껏 높여주었다.

선인학원 정상화를 위한 서명 전개와 관선이사 파견

시민의 모임은 발족 당시부터 선인학원 정상화의 궁극 목표를 선인학원의 국립화 또는 시립화, 초중등은 공립화로 설정하고 투쟁을 전개했다. 선인학원 정상화 촉구를 위한 인천 시민 10만 명 서명운동 발대식을 개최했다. 그리고 정부 당국은 1981년 선인학원 설립자 백인엽 씨가 국가에 헌납한 바 있는 선인학원을 즉각 접수하여 국립화, 혹은 시립화, 공립화할 것을 요구하며 본격적인 서명 작업에 돌입했다.

서명운동 초기에는 인천대 총학생회 간부, 교사추진위 교사, 전교조 해직 교사들이 중심이 되었다. 제물포역 등 지하철역과 시민들의 통행이 많은 로터리나 백화점 입구에서 진행했다. 본격적인 서명운동은 3월 개학 이후 인천대 학생들이 대거 투쟁의 대열에 참여하면서 대대적으로 전개되었다.

서명운동의 전개에 있어서 매우 중요한 전기를 마련한 것은 많은 신부님이 적극적인 협조 덕분이었다. 성당의 미사 시간을 할애하여 선인학원 정상화 운동에 대하여 설명할 수 있도록 해주셨다. 그리고 서명운동을 전개할 수 있게 된 것이었다. 이처럼 신부님들의 적극적인 협조가 가능했던 것은 김병상 신부(주안1동성당)와 호인수 신부(김포성당)의 지원이 있었기 때문이었다. 두 분은 신부님들이 서명운동을 적극 지원하도록 분위기를 만들어 주셨다.

많은 성당에서는 신부님의 권유 속에 평신도협의회의 임원들이 중심이 되어 조직적인 서명을 진행했다. 이렇게 성당에서 서명을 받기 시작하면서 한 성당에서 500명에서 800명 정도의 서명을 받았다.

한겨레, 조선, 동아 등 중앙일간지와 인천일보, 경인일보 등 지방신문들은 기자들을 인천대에 상주시키면서 선인학원에 대하여 상세하게 보도하기 시작했다. 이로 인하여 선인학원 정상화 운동에 대하여 시민들이 상황을 알게 되고, 서명에 적극적으로 응해주었다. 서명은 3월 말을 지나면서 5만 명이 넘어섰다.

이러한 분위기 속에서 인천 시민들의 여론 형성에 결정적인 역할을 한 것은 3월 31일 밤에 방송된 MBC TV의 〈PD수첩〉이었다. 송일준 PD를 팀장으로 하는 5명의 PD수첩팀은 인천에서 3일 동안이나 머무르면서 선인학원의 실상과 문제점을 카메라에 담았다. 또한 인천대 교협, 교사추진위, 시민의 모임 관계자들과 인터뷰 등을 통해 깊이 있는 취재를 했다.

취재하는 동안 나는 당시 파면 상태였기 때문에 〈PD수첩〉팀과 3일 동안 같이 다니면서 설명을 하고 인터뷰를 하는 등 촬영에 도움을 주었다.

〈PD수첩〉은 약 25분간 선인학원 사태에 대한 방송을 내보냈다. 이러한 보도에서 선인학원의 실상과 문제점을 지적하고 매우 열악한 교육시설과 환경에 대하여 자세히 방영하였다. 또한 교수, 교사 및 학생들은 물론 인천 시민들까지 투쟁에 나서게 된 배경과 그들의 주장 등을 매우 밀도 있게 다뤘다.

이 방송이 방영된 후에 많은 인천 시민이 선인학원의 파행을 규탄하였고, 스스로 찾아와 학생들을 격려하고 서명하는 분위기가 조성되어 갔다. 4월 중순에 들어서면서 서명 인원은 70,000명 선에 육박하고 있었다.

비슷한 학내문제를 안고 있는 전국의 많은 대학과 중고교의 교수 및 교사들은 물론 교육 문제에 관심이 있는 일반 국민도 깊은 관심을 갖게 되었다.

이렇게 상황이 급격하게 변화하자 재단 측은 4월 들어 범선추 공동의장(2인은 이미 파면됨) 3인 중 1인인 장학식 교수를 징계위에 회부했다. 이를 계기로 시민의 모임은 시민단체의 힘을 하나로 모으기 위한 작업과 선인학원 각 학교 졸업생의 힘을 하나로 묶기 위한 작업을 본격적으로 추진했다. 이 작업을 추진하는 데 있어서 전교조 인천지부의 노력이 절대적인 영향력을 발휘했다.

시민의 모임이 본격적인 투쟁을 전개한 이래 4월에 들어서서는 인천 시민들의 참여 열기가 더욱 높아졌다. 거의 모든 언론 매체들 또한 적극적인 성원을 보내는 분위기가 형성되고 있었다. 이런 가운데 인천대 학생들이 연일 대대적인 집회와 가두서명 작업이 벌어지는 상황이 되자 교육부에서 4월 16일 갑작스럽게 4월 17일부터 선인학원에 대해 교육부 종합감사를 시행한다는 소식이 전해졌다.

18일에는 재야단체를 포함하여 19개 단체가 연계하는 인천 시민 결의대회가 시작되어 범선추, 시민모임 등의 인사들이 나서서 결의를 다졌다.

시민의 모임은 대표단을 구성하여 (교육부) 감사반장을 만났다. 이번 종합감사에 대하여 인천 시민들이 비상한 관심을 갖고 주목하고 있음을 강조하고, 추호의 의혹도 없도록 철저히 밝혀 줄 것을 요구했다.

이와 함께 1) 재단기금 70여억 원이 유출되었다는 정보가 있는바 그 진상을 밝혀 줄 것, 2) 1981년 국가에 헌납한 선인학원을 아직 방치하고 있는데 교육부의 대책은 무엇인지 밝혀 줄 것을 요구했다.

그러나 감사반장은 "81년에 백인엽 씨가 선인학원을 국가에 헌납한 것은 사실이나 선인학원은 개인 재산이 아니므로 법인 이사회에서 헌납 의결 절차가 필요한 데, 이를 의결한 사실이 없다"는 것이었다.

시민모임 김승묵 변호사는 법원 서류에서 이사회가 선인학원의 국가 헌납을 의결한 이사회 회의록을 찾아냈다. 교육부에서 사라진 이사회 의결 회의록을 법원에서 찾아낸 것이다.

4월 24일 시민모임은 "선인학원 기금 78억 원이 백인엽에 건네진 경위 및 선인학원 국가 헌납 과정에 관한 진상보고서"를 발표하고, 이어 "선인학원의 부정 비리는 명백히 밝혀져야 한다" 제하의 성명서를 발표했다.

기자회견을 끝낸 시민의 모임 대표들은 즉시 교육부 감사반을 방문하고, 기자회견 내용과 이에 관련되는 일체의 자료를 제시했다. 이것은 선인학원의 운명이 뒤바뀌는 계기를 만든 사건이었고, 시민모임이 승리를 거두는 순간이었다.

그 후 시민의 모임은 5월 9일 "선인학원 사태를 우려하는 시민의 모임" 본 조직을 결성했다. '관선이사 파견', '선인학원 국공립화'를 주장하며 '선인학원 정상화를 위한 인천 시민 걷기대회'를 단행했다. 시민의 모임과 범선추의 대대적인 공세가 가열되자 교육부는 마침내 5월 15일 '선인학원 종합감사 결과'를 발표했다.

5월 25일 범선추 집행부는 재단 이사장실에서 기자회견을 개최했다. "범선추 연합 철야 대책 회의에 임하면서" 제하의 성명서에서 "현 이사진의 책임을 물어 승인을 취소하고 관선이사를 파견하라"는 요구사항을 발표했다. 그리고 곧바로 농성에 들어갔다. 92년 6월 10일 드디어 교육부는 선인학원의 임원 7명의 취임 승인을 취소하고 관선이사 9명의 파견을 정식으로 발표했다.

초·중·고에서의 정상화 노력

관선 이사진의 파견 이후 초·중·고에서의 최대 현안으로 떠 오른 것은 나와 장재선 교사의 복직 문제와 파행 운영의 관련자였던 교장, 교감 등에 대한 인사 처리 문제 등이었다.

나의 복직 과정이 그렇게 순탄한 것만은 아니었다. 교육부 교원징계재심위원회가 관선 이사진 파견 이전인 1992년 5월 19일 자로 '파면처분 취소' 결정을 내렸다. 그러나 당시의 이사진은 교육부의 재심 결정을 받아들이지 않았다. 그리고 즉시 서울고등법원에 행정 소송을 제기했다.

관선 이사진 파견 후 6월 22일 나는 관선 이사회에 복직 조치를 요청했다. 그러나 7월 2일 학교법인 선인학원 이사장 명의로 나에게 전달된 회신 공문은 실로 어이없는 내용을 담고 있었다.

"… 교육부 교원 징계위원회의 재심 결과에 대한 복직발령 요청은 본 법인이 재심 결정에 승복하지 않고, 서울고등법원에 징계처분 취소의 소를 제기하여 놓은 상태이므로 법원 판결에 따라 조치할 것임을 통보합니다."

결국 교육부의 재심 결정을 교육부가 파견한 관선 이사진이 거부하고 있는 것이었다.

범선추와 인천대 총학생회가 관선 이사회의 이러한 결정에 흥분하여 문제를 제기했다. 그렇지 않아도 취임 초부터 양비론을 펴오던 관선 이사진이었다. 결국 문제의 회신 공문은 아직도 재단에 남아 있던 백씨 추종 직원에 의하여 작성된 것으로 해명되었다. 그리고 7월 15일 제41차 이사회는 '교원 징계 재심 결정에 대한 불복 행정 소송 취하 의결안'을 가결하였다.

관선 이사회는 나의 복직을 위한 방법으로 징계 사안을 재심의하는 절차를 밟기로 했다. 이에 따라 관선 이사회는 8월 12일 교원징계위원회를 소집하고 진술을 들었다. 8월 20일 '재심사 청구 각하'의 형식으로 복직을 결정한다. 이로써 나는 파면 처분 7개월 만인 1992년 9월 1일자로 선화여중으로 복귀하게 되었다.

관선 이사진 파견 이후 초·중·고의 교육 정상화를 위해 시급히 처리해야 할 것으로 지적된 또 하나의 과제는, 각종 파행 및 비리에 직접 관련되었던 교장, 교감 등에 대한 인사 조치였다. 그러나 이 문제에 관한 관선 이사진의 태도는 교사협의회 소속 교사들이 구체적 자료 등을 제시해도 문제된 교장 등에 대하여 '소송의 결과나 사법 처리 결과를 지켜본 후에 결정할 일'이라는 등의 이유를 들어 묵살했다.

그럼에도 관선이사 체제하에서 한 가지 다행한 것은, 더 이상의 파행과 비리가 재연되지 않고 교권의 침해 행위도 나타나지 않았다는 점이다.

나는 2월 1일자로 파면이 되었고, 2월 22일 교육부 교원징계재심위원회에 파면 처분 취소를 청구했다. 5월 19일에는 교원징계재심위원회에서 파면을 취소한다는 결정이 나왔다. 이렇게 빠르게 교육부 교원징계재심위원회에서 파면 취소 결정이 난 것은 선인학원 구성원들과 시민의 모임의 협조와 투쟁의 결과였다.

선인학원 초중고는 공립화되고, 인천대학, 전문대학은 시립화로 전환되다

위와 같은 과정을 거쳐 1994년 3월 1일부로 선인재단이 시공립화가 되었다. 이렇게 개인이 운영하는 거대 사학이 교수, 교사, 직원, 학생 등 내부 구성원들과 시민들이 한마음으로 투쟁한 결과, 이것이 정부의 결단으로 이어져 시공립화된 것이었다. 이것은 백인엽 씨의 횡포와 전횡이 내부 구성원들의 반발을 불러일으켰고, 인천 시민들의 공분을 불러일으켰기에 가능한 일이었다.

사실 처음에 선인학원 재단과 싸움을 시작하면서 나는 이길 수 있을 것이라는 생각을 하지 못했다. 백인엽이라는 사람은 거대한 장벽이었다. 더군다나 형인 백선엽이 군 내부에서 차지하는 비중이 너무 큰 상황이었다. 이러한 사람들과 싸우는 교사, 교수들의 힘은 너무 미약한 것이었다.

그러나 이러한 편견은 투쟁을 통하여 하나하나 극복해 나가게 되었다. 미약해 보였던 교사, 교수들의 힘이 결집되고 또한 학생들의 힘이 합쳐지게 되었다. 더 나아가 지역사회의 힘이 결집되면서 그것은 커다란 파도를 형성하게 된다. 처음에는 바위에 계란을 던지는 식이었던 것이 한 방울씩 떨어지는 물이 시간이 지나면서 바위를 뚫어버릴 수 있듯이 평범한 사람들의 힘이 하나하나 모이게 되면서 거대한 파도를 형성하게 되었던 것이었다.

이러한 파도가 결국은 백인엽이라고 하는 거대한 장벽을 부수고 대중의 힘이 승리하는 결과를 만들어낸 것이다.

이 과정을 통해서 지극히 평범했던 내 자신이 일종의 투사로 변신하게 되는 과정을 거치게 되었다. 이후에 내가 인천 지역사회에서 활동하게 한 원인이 되었고 자양분이 되었다.

III. 선인학원 초중고등학교의 공립화

선인학원 공립화 이후의 생활

24반 무예 경당 수련을 시작하다

1993년에는 십정동 '햇님공부방'에서 신소영 간사와 정창현, 이재윤 선생과 같이 침을 배우기 시작했다. 혈자리를 배우고 내 몸에 직접 침을 놓기도 하면서 침의 원리와 놓는 법을 배웠다. 또한 수지침 책을 사서 직접 실습하면서 배우기도 했다.

선인학원 정상화 투쟁과 전교조 활동으로 인해 몸을 제대로 관리하지 못하다 보니 건강 상태가 나빠졌다. 스트레스를 받고 외식을 많이 하다 보니 체중이 늘어났다. 내 키가 165cm인데 체중이 80kg 가까이 나갔다. 배도 나오고 움직이는 것도 힘든 정도였다.

그때 인화여중 이재윤 선생의 소개로 백운공원에서 24반 무예 경당 수련을 하고 있다는 것을 알게 되었다. 24반 무예는 조선시대 정조대왕이 편찬한 『무예도보통지』를 광주에 계시는 임동규 선생이 감옥에서 복원하신 무예다. 감옥에서 빗자루를 이용하여 『무예도보통지』의 동작을 수련하여 '빗자루 도사'라고 불리기도 했다.

『무예도보통지』는 정조대왕이 실학자인 박제가, 이덕무, 장용영 소속인 무인 백동수 등에게 명하여 편찬한 무술 교본이다. 나누어 읽으면, '무예/도보'(그림과 해설)와 '통지'(종합 서적)이다. 조선시대의 군용 무술 교본이다. 임금의 명으로 만들어졌다고 하여 "어제무예도보통지"라고도 한다. 동양 3국의 무예를 종합한 것으로 육상 18기와 마상

6기가 있다.

샘터교회 김성복 목사가 24반 무예 임재선 사범을 인천으로 초청하여 일주일에 3번 백운공원에서 수련하고 있었다. 나는 1993년 5월 20일부터 수련한 것으로 기억하고 있다. 검을 사용해서 기본기부터 배우고 본국검, 제독검, 쌍수도 등을 수련했다.

수련을 시작하면서 나는 경당에 심취했다. 열심히 수련했다. 전교조 회의가 길어지면 백운공원에 나와서 수련을 하고 들어가 회의에 참석하기도 했다. 보통 집에 밥 늦게 들어가게 되는데, 집에 들어가면 밤 12시 정도가 될 때가 많았다. 그 시간에 아파트 15층 옥상에 올라가 혼자서 수련을 했다. 내가 계산동 현대아파트에 살 때였다. 완전히 미친놈처럼 혼자서 검을 휘둘러대곤 했다.

이렇게 수련을 하다 보니 체중이 자연적으로 조절이 되기 시작했다. 두세 달이 지나니 우선 식사량이 조절되고 체중이 줄기 시작했다. 일부러 먹는 양을 줄이는 것이 아니라 어느 정도 먹으면 더 이상 먹고 싶지 않았다. 격한 운동을 하면 먹는 양이 늘어야 할 것 같은데 몸이 스스로 조절하는 것 같았다. 6개월 정도 지나니 70kg대 초반으로 몸무게가 줄어 있었다. 수련 효과를 단단히 본 것이다.

1993년 여름방학에는 임동규 선생이 계시는 광주로 내려가 수련을 했다. 30~40명이 합숙을 하며 아침부터 저녁까지 일정대로 수련하며 지냈다. 이런 생활을 일주일 동안 하고 인천으로 올라왔다. 그 후에도 방학 때마다 광주에 내려가 수련을 했다.

당시 인천 경당 수련생은 전교조 교사, 노조 활동을 하는 분이나 시민단체 활동가가 대부분이었다. 그러다 보니 단체나 조합에 일이 있을 때는 참석하기 힘들었다. 더구나 실내 공간이 있는 수련장에서 하는 것이 아니라 공원에서 정해진 시간에 수련하다 보니 차차 참석률이 떨어지게 되었다. 이렇게 되다 보니 나중에는 백운공원에 혼자 나와서 수련하는 때도 있었다.

이러한 상황에서 1994년에는 내가 직접 수련생들을 지도하게 되었다. 백운공원에서 수련을 하면서 새로운 수련생들을 받았다. 이들 중에서 이근이란 수련생이 24반 무예에 큰 관심을 갖고 열심히 수련했다. 이 수련생이 실무를 맡아 수련생들을 관리했다. 이렇게 수련을 진행하면서 10명 정도의 인원이 무술 수련을 하기도 했다.

연사 자격을 취득하고, 1994년 10월 24반 무예 수사 자격을 취득하였다. 본당에서 직접 심사를 본 것이었다. 1997년 1월 24반 무예 범사보 자격을 취득했다. 이렇게 24반 무예 사범으로 활동하면서 계속 수련을 해나갔다.

2000년, '민족무예사랑회'가 만들어지면서 회장이 되었다. 2001년 4월 사단법인 24반무예협회 경당 이사로 취임했다. 2004년 12월 사단법인 무예24기 보존회 이사로 취임했다. 그리고 24반 무예 인천·부천 지역 관장을 맡아 활동했다.

초중고의 공립학교 전환과 학교를 이동하다

1994년 3월 1일 드디어 선인학원 내 초중고등학교가 공립학교로 전환되어 새롭게 출범했다. 나는 선화여중 과학 주임 보직을 받으면서 공립학교 생활을 시작했다.

다음 해인 1995년 인천기계공업고등학교로 이동했다. 그동안 정들었던 선화여중 교사들이 각자 새로운 부임지로 떠나게 되었다. 이렇게 함께 투쟁했던 교사들이 헤어지게 되면서 그동안 함께 했던 교사들이 '여일회'를 결성하게 되었다. 30여 년이 지난 지금도 여일회 교사들이 계속 만나 친분을 유지하고 있다.

인천기계공고 화공과에 부임한 이후에 나는 의식하지 못했지만 선인학원 투쟁을 주도했던 것에 대해서는 학교에서 알고 있는 것 같았다. 학교를 이동하면 교장, 교감 등 관리자들이 새로 부임한 교사를 파악하기 위한 최소한의 행동이라고 할 것이라 생각했다. 그런데 나에 대해서는 아무런 이야기를 하지 않았다. 그래서 나도 전교조 활동은 계속하고 있었지만 학교에서의 발언은 되도록 조심했다.

인천기계공고에 전입한 지 얼마 지난 후였다. 머리가 답답하고 해서 어느 날 머리를 밀어버리고 출근을 했다. 월요일이었는데 그날은 교무실에서 교사 전체 회의가 있는 날이었다. 내 모습을 보고 다른 교사들이 한마디 할 것이라고 생각했었다. 그러나 교무회의 시간에 교장, 교감 등 관리자들도 나를 못 본 것처럼 아무런 이야기도 하지 않는 것이었다.

한 번은 송내 사거리에서 운전하고 가는 중이었다. 그런데 차 한 대가 내 차 옆으로 오더니 창문을 내리면서 시비를 걸려고 하는 것 같았다. 그래서 나도 운전석 창문을 내리고 바라보았다. 이 사람이 머리를 밀고 있는 나를 보더니 "아닙니다" 하면서 갑자기 창문을 닫고 가버렸다. 이때만 해도 머리를 밀고 다니는 사람이 거의 없었다. 나를 아마 범죄자나 이상한 사람으로 생각했던 것이 아니었을까.

공고이기 때문에 내가 소속된 화공과가 독립되어 있었다. 학과 사무실이 따로 분리되어 있고, 수업도 교실과 실습장에서 독립적으로 진행되었다. 나는 1학년 담임을 맡았다. 선화여중에서 15년간 근무하면서 여학생들만 지도하다가 남학생을 지도하려니 처음에는 조금 생소했다. 시간이 지나다 보니 오히려 여학생보다 남학생을 지도하는 것이 편하다는 생각을 하게 되었다. 우선 학생들을 편하게 대할 수 있었다.

이렇게 인천기계공고에서 적응을 해나갔다. 화공과가 한 학년에 한 반이기 때문에 교사도 소수의 인원이 같이 생활을 하였다. 그러니 서로 가까워질 수밖에 없었다. 학생들도 1, 2, 3학년 합해야 3반이었다. 수업도 다른 과와는 상관이 없이 화공과 자체 수업을 진행하다 보니 서로 이해하고 감정적으로도 소통할 수밖에 없었다.

학교 특별활동 시간에 24반 무예반을 편성해서 학생들을 지도했다. 이렇게 학교에서도 무예를 지도하거나 수련을 시작하게 되었다.

1996년에는 학년이 올라가면서 2학년 담임을 그대로 맡게 되었다. 학생들과는 서로 잘 알기 때문에 별다른 문제는 생기지 않았다.

내가 선화여중에 근무하는 동안 학생들을 체벌한 적이 한 번도 없었다. 그 당시에는 학생들을 지도하는 과정에서 교사들이 학생들에게 사랑의 매를 체벌하는 경우도 있었다. 그러나 나는 여학생들을 체벌할 수가 없었다. 그런 원칙을 지키면서 생활을 했다.

인천기계공고에 와서는 체벌이 필요하다고 생각을 했다. 그래서 학생들과 약속을 했다.

첫째, 성적을 올리기 위해서 체벌을 하지는 않는다. 둘째, 체벌 부위는 궁둥이로 한다. 셋째, 손이나 다른 도구를 사용하지는 않는다.

넷째, 지각, 결석, 학교 일과 중의 무단이탈 등은 하지 않는다. 물론 이유가 있는 지각, 결석과 허락받은 행동은 예외로 한다.

　이렇게 체벌에 대한 것은 학생들과 약속하고 생활을 했다. 내가 중학생 때 과목 담당 교사가 슬리퍼를 벗어서 머리를 때리는 경우가 있었다. 내가 교사에게 대들 수는 없었지만 굉장히 기분이 나빴다. 그러다 보니 그 과목을 엄청 싫어했고 공부를 하지 않았다. 또한 출석부로 학생을 때리는 경우도 있었다.

　손이나 발로 학생들을 때리거나 매로 신체 다른 부위를 체벌하는 것은 학생의 감정을 유발할 수 있기에 절대로 하지 않았다. 머리 부분을 맞으면 사람이 감정이 생기게 된다. 이렇게 하니 학생들이 매를 깎아서 이것으로 때려달라고 가지고 왔다.

　체벌하는 것도 개인적인 자리에서는 절대 하지 않았다. 반 학생들이 모두 모인 자리에서 했다. 그러다 보니 여러 명이 맞을 때가 있었다. 먼저 맞은 학생이 다음 학생이 체벌하는 것을 보면서 항의 아닌 항의도 했다. 왜 나는 세게 때렸으면서 약하게 때리느냐고 더 세게 때리라고 주문하기도 했다.

　체벌로 인한 학생들과의 감정은 생기지 않았다. 이런 일들도 학과 학생들을 하나로 묶는 역할이 되기도 하는 것 같았다. 이렇게 인천기계공고에서 2년 동안 생활을 했다.

　1977년 부평여자공업고등학교 환경공업과로 이동을 했다. 부평여자공고가 신설 학교라 화공과에서 교사들이 이동을 했다. 인천에 있는 공고에서 인천기계공고와 청학공고만 화공과가 있었다. 환경공업과도 화공과 교사들이 전공과목을 담당했다.

이렇게 2년 동안 정들었던 학생들을 떠나게 된다. 내가 떠나는 날 학생들이 앨범을 한 권 가지고 왔다. 무엇인가 보니 전체 학생들이 사진을 넣고 자기 사진 아래에 각자 글을 써서 나에게 준 것이었다. 지금도 그 앨범을 보관하고 있는데 아이들의 정성과 진정이 하나하나 깃들어 있는, 무엇보다 소중한 것이다.

초정마을쌍용두산아파트 입주자대표회의 활동을 시작하다

1997년 3월, 2년 동안의 인천기계공고 생활을 마치고 부평여자공고로 이동했다. 이렇게 부평여자공고에서의 생활을 시작했다.

1997년 부평여자공업고등학교에 부임하면서 학교운영위원회 교사위원으로 선출되었다. 1998년 3월에는 환경부장 보직을 받았다. 1999년 3월 현장교육부장을 맡아 2년 동안 학교생활에 집중했다. 그 결과 1999년 스승의 날에는 인천광역시 교육감 표창을 받았다. 또한 1999년 인천 화공교사연구회가 창립되어 1기 회장을 맡게 되었다.

이렇게 학교생활을 하면서도 24반 무예 수련은 계속했다. 아침 일찍, 7시쯤에 출근하여 학교 운동장에서 혼자 목검을 휘두르고 끝나면 교실에서 나오는 재활용 쓰레기들을 분리하는 일을 했다.

부평여자공고로 전입을 하면서 1997년부터 담임을 맡아 생활을 했다. 무예 수련, 학교 운영위원, 환경부장, 학급 담임 등을 하고 전교조 일을 하다 보니 정말 바쁘게 지냈다.

1997년 12월 분양받은 계산 택지 초정마을쌍용아파트로 이사했다. 아파트에 입주하면서 엘리베이터 등에 붙은 수많은 광고를 보았다.

이것이 관리사무소의 허락을 받아서 게시하는 것이면 그 비용이 어디에 쓰이는지 의문을 갖게 되었다. 그래서 내가 거주하는 아파트의 동대표를 지원했다.

1998년 4월 1기 초정마을쌍용두산아파트 입주자대표회의를 구성하고 건축이사가 되었다. 동대표 임기는 1년이었다. 1999년에는 2기 입주자대표회의를 구성하였고, 총무이사(부회장)가 되었다. 9월에는 입주자대표 회장이 사임을 하면서 내가 회장을 맡게 되었다.

이렇게 초정마을쌍용두산아파트 입주자대표를 하면서 처음 한 일은 광고 문제였다. 엘리베이터나 게시판에 광고를 붙이면 관리사무소에서 광고비를 받았다. 이와 같은 광고비 처리 문제가 정확하지 않아서 아파트 관리업체에 공문을 보냈다. 광고비 받은 금액이 얼마인지, 받은 금액은 어떻게 사용했는지에 대한 문제를 제기했다.

1990년대 말에는 아파트 입주 시 이사 와서 버리는 쓰레기의 양이 엄청나게 많이 나왔다. 또한 아파트에 입주하여 베란다를 확장한다든지 내부 구조를 바꾸면서 나오는 건축폐기물도 많았다. 그래서 관리업체와 최종 합의를 보았다. 광고비를 입주 쓰레기 처리 비용으로 사용하는 것으로 했다. 지금 기억하기로는 700만 원 정도였다.

1기 입주자대표회장은 1년 만에 다른 곳으로 이사를 갔다. 2기 회장은 젊은 분이었는데 의욕적으로 시작을 했지만 5개월 만에 사직을 했다. 그러면서 내가 회장을 하게 되었다. 그동안에도 다른 젊은 입주자대표들과 아파트 시설에 대한 것을 둘러보면서 문제점을 지적하곤 했었다.

회장을 하면서 우선 한 일은 관리업체를 교체하는 일이었다. 입주시 관리업체는 건설회사에서 선정한 곳이었다. 그러다 보니 위에서와 같이 광고비 문제 등 아파트 관리에서 여러 가지 문제가 있었다.

그렇게 정신없이 생활을 했다. 내 개인적인 시간은 거의 없었다. 전교조 인천지부 중등북부지회장을 할 때였으니 보통 집에 들어오는 시간이 11시나 12시였다. 어떻게 보면 미친 짓이었는지도 모른다. 집에서 가족들은 그래도 내 행동을 조금은 이해해 주었으니 그나마 다행이었다.

집에 들어오면 관리사무소 회장실에 들러 그날 결재 올라온 서류들을 결재했다. 그리고 문제점이나 해야 할 일에 대한 내용을 쪽지에 기록하여 다음 날 직원이 처리할 수 있도록 했다. 그것이 끝나면 아파트를 한바퀴 순찰을 했다. 그러면 경비하시는 분들이 바른 자세로 근무를 하곤 했다. 경비 조장이 관리사무소에 있다가 전체 초소에 미리 연락을 하는 것이었다.

아파트 경비 중에는 인천중앙도서관 관장을 하셨던 분도 계셨다. 개인적으로는 경비들에게 함부로 대하지 않았다. 그러나 업무적으로는 철저하게 관리했다. 특히 밤에는 경비초소를 비우거나 다른 일을 하고 있으면 주민들의 민원이 들어왔다. 또한 24시간 근무를 하니 피곤할 수도 있었다. 그러니 많이 피곤하면 졸 수도 있는데 바른 자세로 임하여 주민들이 눈 밖에 나지 않도록 하라고 당부했다.

그리고 입주자대표 몇 사람과 아파트를 돌아다니면서 여러 가지 실태를 파악했다. 이렇게 생활을 하면서 문제점들을 하나하나 지적해 나갔다. 이러다 보니 관리업체 본사가 있는 서울에서 직원이 내려와 확인을 하기도 했다. 문제가 되는 내용들을 모아 내용증명을 작성하여 관리업체 본사로 발송했다. 그리고 입주자대표들이 본사를 방문하여 문제점을 지적하고 관리업체의 관리 중단을 요구했다. 지금 생각하면 참으로 위험한 겁 없는 행동이었다.

다행히 그 업체에서 내용증명을 보내고 본사까지 방문하자 문제가 커질 우려가 있어서 그랬는지 관리를 포기했다. 이렇게 해서 새로운 관리업체를 선정할 수 있었다. 관리업체를 선정하거나 청소, 소독 등 여러 용역업체를 선정하는 일이 많이 있었다. 그때는 입주자대표회의에서 일방적으로 결정하지 않았다. 업체를 공개적으로 모집하여 설명회를 했는데 그 자리에는 반드시 주민이 참여하도록 했다. 그 결과를 가지고 업체를 선정했다.

계양 지역에서 활동을 시작하다

2000년 4월에는 초정마을쌍용두산아파트 3기 입주자대표회의 회장에 다시 선임되었다.

이런 생활을 하던 2000년 7월 어느 날 양재덕 실업극복인천본부 본부장이 지역에서 행사가 있는데 참석하라고 했다. 양재덕 본부장은 그 당시 계양에서 오리 농장을 하고 계셨다. 그래서 참석하니 계양산 화약고 설치 반대 구민대책위원회를 하는 자리였다. 화약고를 서구에서 계양산 자락인 다남동으로 이전 설치하겠다는 것을 주민들이 반대하는 모임이었다.

아무것도 모르고 참석했던 나는 그 자리에서 갑자기 집행위원장으로 추천을 받아 화약고 반대 구민대책위 집행위원장으로 결정되었다. 전교조 활동과 입주자대표회의 회장을 하고 있으니 나를 추천한 것이었다. 이 자리에서 다남동에 살고 있는 이한구 씨를 만난다. 이후에도 계속 계양구의 현안에 함께하는 인연을 이어가게 되었다.

당시 계양구청장은 이익진 씨였다. 이익진 구청장이 다남동 화약고를 추진하면서 주민들이 집회를 열고 계양구청에 쳐들어가기도 했다. 구청을 주민들이 점거하고 구청장에게 항의를 하기도 했다.

또한 구청장이 계산 택지 내에 러브호텔 허가를 계속 내주었다. 2000년 10월 당시에 10여 개의 유흥업소가 난립하고 있었다. 계산 택지에는 신도시가 건설되어 많은 아파트가 입주하여 있었다. 러브호텔이 계속 들어서며 학생들의 통학로에 유흥업소가 위치하게 되었다. 그렇게 되면 교육 환경에 커다란 악영향을 끼칠 것을 우려했다. 그래서 계산 택지 부녀연합회 등 자생적인 주민 조직과 성당, 교회 등 종교계와 그 대응책을 논의했다.

그 결과 2000년 10월에 계산 지역 러브호텔 및 퇴폐유흥업소 난립저지 공동대책위원회를 구성하게 되었다. 그리고 내가 상임대표를 맡았다. 러브호텔 공대위를 구성하는 과정에서 지역의 큰 교회인 계산중앙감리교회 최세웅 감독을 찾아뵙고 공대위의 취지와 내용을 말씀드렸다. 최세웅 감독은 그 취지에 공감하시고 적극적으로 도움을 주셨다.

그러면서 계산 택지 내에서 집회와 시위를 했다. 아파트 주민들과 계산중앙교회 신도들이 참여하여 구청을 압박했다. 또한 주민들이 스스로 러브호텔 감시단을 구성하여 러브호텔 주위를 순찰하고 감시하는 행동을 했다. 이러한 활동에 계산 택지 부녀연합회 등 주민들이 적극적으로 참여해 주었다.

당시에 전국적으로도 러브호텔 문제가 많은 지역에서 발생했다.

그래서 서울 YMCA를 중심으로 전국공대위를 구성하고 활동을 하게 되었다. 각 지역 상황을 공유하고 공통적인 문제점에 대하여 공유했다. 학교 주변 일정 거리에 러브호텔을 건축할 수 없도록 하는 활동도 하여 법제화를 이루기도 했다.

이렇게 러브호텔 공대위 활동을 하면서 이익진 구청장으로부터 더 이상 러브호텔을 건설하지 않도록 하고, 구청에서 허가를 내주지 않겠다는 약속을 얻어내게 된다.

지역에서 활동하는 동안에도 아침에 일찍 출근하여 학교 운동장에서 하는 24반 무예 수련은 계속했다. 2001년에는 24반 무예를 하는 인천, 부천 지역 사람들이 민족무예사랑회를 만들고 회장을 맡게 되었다.

전교조 인천지부 활동

1992년 9월 1일 복직 이후에는 전교조 활동을 했다. 선인학원 투쟁 과정에서 전교조 인천지부장 조용명 선생과 원종찬 선생의 실무적인 도움을 받았다. 또한 전교조는 노동단체 등 외부 단체와의 연결고리 역할을 하는 등 중요한 역할을 했다. 그러한 인연으로 전교조 인천지부 대의원, 중앙위원으로 활동을 하게 되었다.

전교조는 '법외노조'로 시작했다. 지속적인 대정부 투쟁과 사회운동 끝에 1999년 교원의 노동조합 설립 및 운영 등에 관한 법률이 제정되면서 '합법노조'가 되었다.

1999년 1월에는 내가 전교조 인천지부 중등북부지회장에 선출되었다. 전교조가 합법노조가 되면서 적극적인 활동이 시작되었다. 학교 단위 분회 설립에 총력을 기울였다. 부평 계양 지역의 학교들을 방문하면서 분회 설립을 촉진시키기 위해 노력했다. 이러한 전교조 인천지부의 활동으로 많은 학교들의 분회가 설립되었다.

2000년 말에 전국교직원노동조합 선거가 있었다. 인천지부 선거에 지부장 이청연, 수석부지부장으로 내가 러닝메이트로 출마를 했다. 초등과 중등에서 지부장과 수석부지부장을 번갈아 가며 맡아 지역을 대표했다. 그 결과 당선되어 2001년에 2년 임기의 수석부지부장을 시작했다.

2001년 11월에는 교육감 선거 운영위원 명단 유출 시민대책위 활동, 2002년 4월에는 인천 자립형 사립고 대책위원회 위원장으로 활동했다.

2001년 10월 전교조는 정부의 불합리한 여러 교육정책, 교육부의 무성의한 교섭 태도 등에 반발하여 조퇴 및 연가 투쟁을 시행했다. 연가 투쟁을 하는 과정에서 「전교조 신문」에 내가 정면에 나오는 사진이 보도되었다. 1월 30일 계양경찰서에서 출석요구서가 발부되었다. 계양경찰서에 출석하여 사건에 대하여 진술했다. 그 후 인천검찰청에서 소환하여 검사의 조사를 받았다.

그 결과 폭력행위 등 처벌에 관한 법률 위반, 집회 및 시위에 관한 법률 위반으로 약식명령에 의해 벌금 100만 원이 청구되었다. 그래서 정식재판을 청구했다. 9월 1일 인천지방법원 101호 법정에서 재판이 열린다는 통지가 나왔다. 나는 재판기일 연기신청을 했다.

12월 7일 다시 101호 법정에서 재판이 진행되었다. 그 후 2002년 2월 1일 2001 연가 투쟁 항소이유서를 인천지방법원 형사부에 접수시켰다. 4월 3일 인천지방법원 103호 법정에서 공판이 진행되었다. 그리고 4월 17일 인천지방법원에서 선고를 했다. 선고유예가 선고되었다.

2001년 전교조 인천지부 새로운 집행부가 들어서면서 인천 시내 초중고등학교 분회 창립에 역량을 기울이게 된다. 그래서 지부 간부들이 학교 방문을 시작하고, 분회 창립을 독려하게 된다. 나는 청학초, 연수고, 학익고, 길주초, 안남중, 부평여중, 부흥중, 검단중 등을 방문했다.

그 결과 2월 20일 남인천여중 분회 창립을 시작으로 2002년 12월 23일 174번째 서운중학교 분회 창립까지 하게 되었다. 임기 중에 많은 학교의 분회 창립이 이루어진 것이었다.

이렇게 수석부지부장 업무를 하면서 지역의 여러 단체의 집행위원장, 대표를 맡게 되면서 무척 바쁜 시간을 보냈다. 이러다 보니 이청연 인천지부장에게 전교조 일만 하더라도 정신없을 터인데 외부 일을 하면서 전교조 업무에 소홀히 하는 것이 아니냐는 말도 듣기도 했다. 나는 지부 업무에 지장이 없도록 하겠다고 약속했다. 만일 내가 지부 업무에 소홀하면 나에게 책임을 물으라는 말도 했다.

중국 역사 기행을 가다

2002년 7월에는 전교조 인천지부 중국 역사 기행을 시작했다. 나는 제1차 인솔 단장을 맡아 7월 25일(목)부터 7월 31일(목)까지 6박 7일의 일정을 소화했다. 1차 중국 역사 기행에는 참가 인원 200명, 진행요원 10명 등 총 210명이 참여했다.

7월 25일 인천 제2국제여객터미널에 집합, 13:00 인천을 출발.

7월 26일 아침 청도에 도착하여 잔교, 총독관저, 신호산, 팔대관, 청도소학교 방문. 중식 후 치박으로 이동하여 순마갱, 강태공사를 관광. 석식 후에는 호텔 투숙하여 현지 교수의 중국 역사 강연을 들음.

7월 27일 호텔 조식 후 곡부로 이동하여 공묘 관광. 중식 후 공부, 공림을 관광하고 추현으로 이동한 후 곡부로 이동.

7월 28일 태산 등정. 버스로 이동 후 정상에서 케이블카를 이용하여 내려옴. 중식 후 제남으로 이동하여 산동성박물관, 표돌천, 황하를 관광. 석식 후 호텔투숙. 산동성박물관에서는 내가 중국역사기행단을 대표하여 박물관장과 면담하고 방문 행사를 진행.

7월 29일 유방으로 이동하여 연박물관을 관광. 그 후 청도로 이동하여 점심을 먹고 청도시장, 청도광장(연날리기), 실크 공장 등 쇼핑. 5.4광장을 들린 후 석식을 하고 호텔에 투숙.

7월 30일 도교 발상지인 노산, 북구수 계곡 관광 후에 부두로 이동. 중식 후 승선 수속하고 배에 탑승. 오후 5시 청도를 출발하여 7월 31일 인천에 도착.

단장으로서 다음과 같은 일을 점검하고 인솔 책임을 수행했다. 첫째, 여행 일정과 코스별 프로그램 운영 등에 대하여 숙지하고 점검하는 일, 둘째, 여행 출발에서 도착까지 여행자의 안전 및 숙박, 식사, 교통 등의 전반에 걸쳐 총체적인 역할을 수행, 셋째, 인원 점검, 코스별 문제점, 여행사와의 문제점 등에 대한 진행자 회의 주관, 넷째,

여행사와 일정별 문제점 등에 대하여 상의하고 토의함.

이렇게 중국 내에서 버스 네 대가 움직이다 보니 단장으로서 신경이 많이 쓰였다. 특히 이동할 때 인원 파악에 신경을 곤두세웠다.

교사 생활을 마치다

2002년 3월 청학공업고등학교 화학공업과로 이동했다. 2002년 9월 전교조 인천지부 교섭위원으로 활동했다. 2006년, 2007년에는 청학공고 학교운영위원회 교사 위원을 맡았다. 4월에는 학교폭력자치위원회 자치위원을 하며 학교폭력 관련해서 활동을 했다.

2004년 3월에는 인천대학교에서 시립화 10주년 기념식이 개최되었다. 나는 이 자리에서 인천대 시립화의 공로로 총장으로부터 감사패를 수상했다. 또한 2006년에는 전교조 인천지부 청학공고분회 분회장을 했다. 2007년 말에 인천광역시 교육청 교육감 표창을 수상했다. 2008년 3월에 다시 부평디자인과학고등학교 환경공업과에 부임했으며, 그해 5월 스승의 날을 기해 전국교직원노동조합 교육공로상 수상했다. 2008년에는 색소폰을 배우기 시작하여 부평디자인과학고 청람제와 졸업식에서 색소폰 공연을 했다.

이렇게 교직 생활을 하다 2011년 2월 28일 부평디자인과학고에서 명예퇴직을 했다. 31년 동안의 교사 생활을 마감했다. 명예퇴직을 한 이유는 교사 생활을 하면서 전교조 활동, 의제 활동, 시민사회 활동을 하다 보니 내 생활 자체가 거의 포화상태에 이르게 되었다. 그래서 교사 생활을 접고 의제나 시민사회 활동을 하기 위해 명예퇴직을 결단하게 되었다.

선화여중 교사를 하면서 정말 평범하던 나 자신을 엄청나게 변화시켰다. 처음에는 스스로 원한 것이 아니라 주위의 상황으로 인하여 내가 변화할 수밖에 없었다. 자신만 알던 나에게 주위의 여건들이 나를 투쟁 속으로 몰아갔다. 이렇게 선인재단 생활은 내 인생을 송두리째 바꿔버리는 결과를 가져왔다.

그동안의 생활을 지금까지 결코 후회하거나 잘못되었다고 생각한 적은 없다. 이것이 나의 인생이고 나의 운명이 아니었던가 하는 생각을 한다. 교직을 그만두면 일정 부분 일이 줄어들 것이라고 생각했는데 그렇지가 않았다.

교육위원 출마를 권유 받다

2006년 5월 31일 제4회 전국동시지방선거가 있었다. 이때 교육 부문에서는 교육위원을 선출했다. 선거는 학교운영위원이 선거에 참여하는 간선제였다.

전교조 인천지부에서는 제5대 인천광역시 교육위원 선거에 참여하는 조직 후보를 내기 위해서 2005년 11월까지 대상자를 모집했다. 이 과정에서 나는 계양 지역에서 교육위원에 출마하라는 권유를 받는다. 2004년 말경이라고 생각한다.

한번은 배제천 선생이 만나자고 하여 만났다. 나에게 교육위원을 출마하라고 한다. 교육위원에 출마하면 후배 교사들이 선거운동을 모두 해주겠다고 했다. 계양 지역은 전교조 교사들이 학교 교육위원에 많이 진출해 있고, 학부모 위원도 우호적인 위원들이 많으니 출마하면 반드시 당선될 것이라고 했다.

2005년 4월에는 이청연 전 지부장을 만났다. 같이 교육위원에 출마하자는 것이다. 이러한 제의를 받고 한참 고민을 했다. 내가 교육위원에 출마를 한다면 교직을 떠나야 했다. 이때는 내가 한참 계양의제 운영위원장으로 활동하던 시기였다. 후배 교사들은 내가 계양 지역에서 활발하게 활동하고 있으니 내게 교육위원으로 출마를 권유하는 것이었다.

교육위원에 출마하면 내가 지금까지 해왔던 모든 일이 정치적으로 변화되는 것이었다. 며칠 고민한 결과 출마하지 않기로 결심했다. 교육위원으로 출마하면 지금까지의 내 모든 것이 부정되는 것이 아닌가 하고 생각했다. 물론 교육위원으로 당선되어 지역의 교육을 위하여 조금이라도 기여를 한다면 그것도 의미 있는 일일 것이다. 내가 출마하지 않겠다고 하자 계양고등학교 이○○ 선생이 출마를 했다. 그리고 당선되었다. 그 당시에는 전교조가 미는 후보가 당선될 수밖에 없는 상황이었다.

내가 교육위원에 출마해서 당선되었다면 지금은 어떻게 되었을까 생각해 본다. 나는 그 결정을 후회하지 않는다. 교육위원은 나에게 맞지 않는 옷이라고 생각했다. 대부분의 사람은 정치를 시작하면 그 속성에서 벗어나지 못하는 것 같다. 어떤 경우에는 그것이 자신을 망가뜨리는 결과가 되기도 한다. 지금처럼 내가 하고 싶은 것을 하고 사는 것이 좋은 것 같다.

Ⅳ. 의제 활동

계양의제21 준비위원회

계양의제21 준비위원회에 참여하다

지역에서 활동하면서 계양의제21 준비위원회(이하 준비위원회)가 만들어진다는 이야기를 듣게 되었다. 계양의제21은 이익진 계양구청장이 정치적으로 이용하려는 것이니 막아야 한다고 지역에서 의견을 모았다. 그래서 다남동 화약고 문제로 만나 같이 활동하게 된 이한구 씨와 계산동 성당 주임신부로 계시던 이준희 신부를 찾아뵈었다. 이 신부는 계양구청에서 계양의제21 준비위원장으로 지명된 상태였다.

이 신부에게 계양의제21에 참여한다면 자칫 이익진 구청장에게 여러 가지 개발 명분을 제공할 수 있다고, 그러니 계양의제21에 참여하지 않으시는 것이 좋을 것 같다고 말씀드렸다.

우리 이야기를 듣고 계시던 신부님께서 "오히려 그럴수록 더욱 참여해야 하는 것 아니냐. 의제는 지역을 지속 가능하게 만들자는 취지에서 구성하자는 것이다. 그러니 그것을 외면하기보다 오히려 적극적으로 참여해서 제 역할을 할 수 있도록 해야 한다. 당신께서 책임을 질 테니 지역 인사 중에 함께 할 사람들은 모두 추천하라"는 것이었다.

그후 계양 지역의 시민사회단체는 물론 계양에 거주하는 많은 사람이 계양의제21을 준비하는 단계에 참여하게 된다.

이렇게 계양의제21은 2001년에 준비위원회가 구성되었다. 2000년 7월 인천시에서 지방의제21 작성 기본 계획이 수립되었다. 계양구청 담당 부서에서는 서울 등 지방의제21이 구성된 지역을 견학하면서 계양의제21 작성을 준비했다.

그리고 2001년 준비위원회 단계에서 150여 명의 지역 내 인사, 시민단체 관계자들이 참여한 가운데 교통연수원에서 지방의제21에 대한 교육을 실시했다. 박영복 인천의제21 실행위원장이 오셔서 의제에 대한 설명을 했다. 지방의제21이 무엇이고, 참여자들이 무슨 일을, 어떻게 하는지 등에 대해 강연했다. 그러면서 행정 쪽에서는 이익진 구청장이 환경위생과에 지시하여 본격적으로 의제를 준비했다.

지역에서는 지방의제21에 대해 잘 모르고 있었다. 이때는 계양산 화약고 문제, 러브호텔 건이 초미의 관심사였다. 또한 계양산 골프장 문제가 불거졌던 시기였다. 당시 골프장 대상지는 보전 녹지로 지정되어 있었다. 그래서 인천시 담당 공무원이 계양산 골프장 신청을 반려했다. 뿐만 아니라 다남동 주민들이 완강하게 반대하고 있던 상황이라 골프장 문제가 전혀 수면 위로 떠오르지 못했다.

오히려 경인운하 문제가 계양의제 내에서는 더 심각했다. 인천의 환경단체에서는 경인운하 건설 반대로 농성에 들어갔다. 목상동의 일부 주민들은 경인운하 건설을 찬성하던 상황이었다. 계양의제21, 특히 계양산 분과 안에서는 서로 찬성, 반대 입장에 서 있는 사람들이 팽팽하게 대립하고 있었다.

이렇게 계양의제21이 준비되면서 분과는 계양산분과, 교통분과, 도시분과, 농업분과 등 4개 분과로 출발하였다. 나는 도시분과에 들어갔다. 분과위원장이나 간사 등을 분과위원 회의에서 선출하게 되어 있었다. 그때 나는 부평여자공고 교사이면서 전교조 인천지부 수석부지부장 명의로 계양의제21에 참여했다.

도시분과 위원장에 선출되다

도시분과에는 새마을회, 바르게살기, 여성단체협의회 등 단체와 자생 단체들이 참여했고, 계산여고 교장이 분과위원으로 참여하고 있었다. 나도 지역에서 조경두 박사, 이민자 부녀회장, 김미경 교수와 같이 도시분과에 소속되었다.

9월 12일 도시분과 회의가 시작되고 분과위원장을 선출하게 되었다. 분과위원장 후보 몇 분이 추천되었다. 자생단체장 몇 분과 계산여고 교장이었다. 그런데 사회를 보던 담당 과장인 도시정비과 인ㅇㅇ 과장이 자신이 보기에 적합한 사람이 있는데 후보를 추천해도 되느냐고 위원들에게 물었다. 담당 과장이 말을 하니 모두 동의했다. 그러자 인 과장이 갑자기 나를 추천하는 것이었다. 도시분과 위원이 29명이었는데 투표 결과 내가 과반수의 득표를 얻어 도시분과 위원장에 선출되었다. 도저히 있을 수가 없는 일이 벌어진 것이다. 분과위원 구성을 보면 내가 위원장으로 선출될 수 없는 구조였다. 이렇게 되자 위원으로 참여했던 계산여고 교장은 계양의제21 도시분과 위원을 사퇴했다.

당시 나는 도시정비과장을 알지도 못했다. 그래서 왜 나를 추천했는지 나중에 물어보았다. 계양산 다남동 화약고 반대 주민대책위 집행위원장을 하면서 다남동 주민들과 집회와 시위를 하고 계양구청에 쳐들어가기도 했다. 또한 계산 택지가 신도시로 조성되면서 지역에서 러브호텔 반대 공동대책위 활동을 했다. 그러면서 계양구청에 주민들과 쳐들어가 항의와 시위를 하곤 했다.

도시정비과장은 그런 과정에서 나를 보았고 알고 있었다고 했다. 본인의 생각에는 계양의제 일을 잘할 사람 같아서 분과위원장으로 추천했다고 한다.

운영위원장에 선출되다

10월 31일 조례에 따라 운영위원회가 개최되었다. 운영위원은 부구청장, 구의회 부의장, 각 분과위원장 및 간사 8명 등 총 10명으로 구성되었다. 운영위원회 회의 결과 내가 운영위원장에 선출되었다. 이것은 누구도 전혀 예상하지 못한 파격적인 결과였다.

이렇게 되자 계양 지역이 뒤집어졌다. 많은 사람이 계양의제21이 투쟁 단체냐, 어떻게 전교조 사람이 운영위원장으로 선출될 수 있느냐고 지역이 소란스러웠다.

나는 이런 과정을 거쳐 계양의제21 준비위원회 운영위원장을 맡게 되었다. 지역의 자생 단체나 관련된 사람들은 나를 의식했겠지만 나는 되도록 의제 업무에 집중했다. 이렇게 활동하면서 약 1년여가 지나자 그런 말들이 사라지게 되었다. 이런 험난한 과정을 거쳐서 계양의제 일을 하게 되었다.

한 번은 일이 있어서 기업을 하는 분들과 다섯 명이 승용차를 타고 가는 경우가 있었다. 이때 한 분이 전교조가 빨갱이라며 욕을 하는 것이었다. 같이 타고 있던 김규문 계양구 의원이 "위원장이 전교조야"라고 했다. 그러자 이분이 입을 딱 닫는 것이었다. 나는 "백사장 이야기 계속해도 괜찮습니다. 문제가 있으면 말씀하십시오"라고 했지만 더 이상은 말을 하지 않았다.

당시 이익진 구청장과는 여러 가지 문제로 지역에서 부딪히고 있을 때였다. 껄끄럽게 생각하는 내가 운영위원장에 선출되고 이한구 씨가 간사가 되었다. 구청장이 추진하던 일에 지장을 받게 되었을 것이다. 그래도 의제가 운영하는 데는 많은 도움을 주었다.

계양의제가 처음 생길 때 전국 의제에서 많은 관심을 보였다. 광역시 단위 안에서 기초 의제가 만들어진 것이 처음이었다. 구 단위에서 조례를 만들고, 다양한 자생 단체를 모아내는 것과 행정의 적극적인 지원과 협력은 모두 다른 지역의 모범이 될 만했다.

부구청장이 모든 부서에 의제 담당자를 두었다. 행정 자체적으로 지방의제21과 관련해서 환경 부문뿐 아니라 전 과에서 관심을 가지고 수행해야 한다는 취지를 잘 이해했다. 그래서 의제 행사에 공무원들이 의무적으로 참석하도록 하고 행정 쪽에서 모든 뒷받침을 해주었다.

이런 과정을 거쳐서 2002년 3월 14일 계양의제21 추진협의회가 발족되었다. 나는 2006년 11월 3일 계양의제21 실천협의회(이하 실천협의회)가 출범하기까지 5년 가까이 운영위원장을 역임하게 된다. 이렇게 의제를 운영하면서 부평, 연수, 남동 동구 등 다른 기초자치단체 의제를 만드는 과정에도 조언과 도움을 주었다.

계양의제21 추진협의회

계양의제21 추진협의회가 창립되다

계양의제21 추진협의회(이하 추진협의회) 구성을 법률적으로 뒷받침하기 위하여 계양구에서는 2001년 9월 27일 추진협의회 설치 및

계양의제21 사무실 개소식

지원조례(안)을 입법 예고를 했다. 계양구 의회 심의를 거쳐, 2002월 1월 11일 추진협의회 구성 및 운영 조례를 공포했다.

조례 제11조 협의회 사무실은 구청사 내에 둔다는 조항에 의거하여 2월 21일 계양구청 507호에서 추진협의회 사무실 개소식을 진행했다. 의제 사무실은 20~30평 정도 되는 넓고 깨끗한 장소였다. 이날 개소식이 끝나고 의장단 회의를 개최했다. 나와 이준희 시민대표, 이중희 기업대표, 이익진 계양구청장이 참석하여 이준희 계산동성당 주임신부를 상임공동대표로 선출했다.

3월 14일 오후 2시 계양구청 6층 대회의실에서 추진협의회 창립식을 거행했다.

경주이씨 인천광역시화수회 활동을 시작하다

이러한 과정에서 새로운 인연이 형성되게 된다. 3명의 공동대표 중 이준희 신부와 이중희 기업대표(쌍용기계산업 대표)와 내가 경주이씨였던 것이다. 나는 살아오면서 종친에 대한 것은 생각해 본 적이 없었다. 이중희 회장은 경주이씨 중앙화수회에서 계속 일을 해오시던 분이다.

이중희 회장은 회사는 계양구에 있어 계양구 중소기업협회 회장을 맡고 계셨다. 자택은 서울 동작구에 있었다. 동작구에서 한나라당 지구당 수석부위원장을 하고 계셨다. 이분이 2006년 6월 경주이씨 인천광역시 화수회 회장으로 선출되셨다. 그러면서 나를 인천화수회 사무처장으로 임명하셨다.

그러자 인천화수회에서 반발이 일어났다. 종친 중에 한 분이 인천 국정원에 근무하다 퇴직한 분이 계셨다. 이분이 내가 전교조 인천본부에서 활동하는 것을 알고 있다고 하는 것이었다. 전교조에 대한 것을 국정원에서도 파악하고 있는 듯했다. 그러면서 전 회장을 하셨던 분과 청년회에서 문제를 제기했다. 전교조 인천지부 수석부위원장이 인천화수회 사무처장을 할 수 없다는 것이었다. 아무래도 종친회 나오시는 분들이 나이가 많고 대부분이 보수적인 분들이었다. 또한 초등학교 교장 출신인 분도 계셨다.

이런 상황에서 이중희 회장은 다른 분들 말을 듣지 않았다. 비록 진보와 보수의 입장이 다르지만 나를 개인적으로 잘 보셨다. 내가 어떻다는 것을 계양의제 운영위원장 일을 하는 것을 보시고 평가하신 듯하다. 그래서 다른 분들에게 종친회 일에 이념이 무슨 상관이 있느냐 일을 잘하면 되는 것 아니냐고 하시면서 그대로 사무처장을 시키셨다. 2008년에는 경주이씨 중앙화수회에서 공로감사장을 수상했다.

이중희 회장은 인천화수회 회장을 마치고 2010년 6월 국당공파 대종회 회장으로 가셨다. 인천화수회는 이영호 회장이 새로 취임했다. 이영호 회장께서 나를 그대로 사무처장에 임명했다. 그러자 또 전교조 이야기가 나왔다. 이영호 회장도 인천에서 계속 한나라당에 관여하신 분이었는데 이분도 다른 종친들의 말을 듣지 않고 나에게 사무처장을 계속 맡겼다. 내가 한나라당을 싫어한다는 것을 아시면서도 나에게 아무런 말씀을 하지 않으셨다. 이영호 회장과는 아주 친하고 관계가 좋았다. 그후 다시 회장이 바뀌었지만 아직도 사무처장을 하고 있다.

처음에 나를 반대하셨던 전 회장님을 비롯하여 연세 드신 분들이 이제는 내가 그만두지 못하게 하고 있다. 내가 사무처장을 그만두면 안 된다는 것이다. 다른 사람에게 맡기지 못하겠다고 하신다.

이중희 회장께서는 나를 중앙화수회 부회장에 추천하셔서 경주이 씨 중앙화수회 부회장을 하기도 했다. 중앙화수회는 서울 혜화초등학교 맞은편에 5층 건물에 있다. 이 건물은 경주이씨인 삼성 이병철 회장이 지어주신 것이다.

중앙화수회 부회장을 하는 동안 이명박 후보가 대통령에 당선된다. 이명박 대통령이 경주이씨. 중앙화수회가 보수적인 집단이니 선거 과정에서 지원을 했다. 나는 중앙화수회 부회장 자격으로 이명박 대통령 취임식에 초청을 받아 참석하게 되었다. 그리고 후에 청와대로 중앙화수회 회장단을 초대했다. 화수회장, 상근부회장, 광역시도 회장, 대종회장, 부회장 등 90여 명이 초대를 받았다. 나도 청와대 영빈관에서 대통령 내외와 점심식사를 하고 녹지원 등 청와대 경내를 구경했다.

2018년에는 경주이씨중앙화수회에서 효자상을 수상했다.

계양의제21 추진협의회 활동

추진협의회 구성을 마치고 활동을 하기 시작했다. 나는 운영위원장으로서 거의 모든 사업에 참여하여 함께 활동하게 된다. 이와 같이

효성동 쪽방 실태파악 　　　　　성남 맹산 자연학교

학교생활을 하면서 전교조 활동, 지역단체 활동, 의제 활동 등으로 정말 바쁜 나날을 보내게 된다.

2002년에는 의제 작성을 위한 실태조사를 했다. 징맹이고개 절개지 실태조사, 계양산 주변 인문사회환경 실태조사, 계양산 등산로 실태조사, 계양산 생태(동, 식물) 실태조사, 정미소 및 대형 마트 쌀 유통경로 실태조사 등을 실시했다. 또한 계양산분과와 도시분과 합동으로 생태모범 도시 답사를 했다. 수원 원일초등학교와 성남 맹산자연학교를 방문했다.

2002년 지방선거에서 박희룡 구청장이 당선된 이후에는 계양산의 현황을 파악하기 위해 계양산 실사 등반을 실시했다. 계양산 등반을 통하여 확인된 등산로의 정비와 난립 문제를 해결하기 위해 등산로를 정비하는 공사를 시작했다. 또한 11월에는 등산로 비교 시찰을 실시해 충남 홍성군 소재 용봉산을 다녀왔다.

박희룡 구청장은 한나라당 소속이면서도 내가 하는 일에 협조적이었고, 자주 만나 의견을 교환했다. 당시 계양산에 롯데에서 소유하고 있는 토지가 78만 평 정도 되었다. 전임 이익진 구청장은 이곳에 골프장

계양산 정상에서 박희룡 구청장과 함께

건설을 계속 추진했다. 그러나 박 구청장은 계양산 골프장에 대해 반대했다. 대신 서운동에 대중 골프장을 건설한다면 허가를 내주겠다고 했다.

추진협의회는 환경의 중요성과 환경 보전에 관한 시민의식 제고를 위해 관심을 기울였다. 이를 위해 환경 사진 공모전 및 추진협의회의 명칭 공모전을 개최했다. 이 공모전에는 많은 주민이 참여했다.

12월까지 분과별 실태조사를 했다. 각 분과별로 조사한 기초자료를 토대로 비전과 목표, 지표와 행동계획 등 작성한 초안을 가지고 12월 26일 실태조사 주민보고회를 실시했다. 그리고 주민들의 의견을 수렴하여 의제 작성에 반영했다. 이와 같은 과정을 거쳐 2003년 1월 각 분과에서는 분과별 의제 초안을 확정했다. 또한 추진협의회는 계양산 역사생태학교를 시범 사업으로 선정했다.

계양산분과에서는 4월 17일 검단산의 비교 시찰을 실시했다. 장기 비전으로 추진하고 있는 푸른 숲이 우거진 생태-역사-관광의 명소 계양산을 만들기 위한 기초자료로 활용하기 위한 것이었다. 도시분과와 교통분과는 5월 28일 도시환경, 문화시설, 복지시설의 실태 파악을 위해 거점 지역을 선정하고 합동 실태조사를 실시했다. 7월 24일 자전

상주시청, 자전거도로 현황 설명

거 이용 활성화를 위한 자전거도로 선진지 비교 시찰을 하기 위해 경상북도 상주시를 방문했다.

실천협의회에서는 담장 없애기 운동본부를 구성하여 담장 허물기에 대한 논의를 해왔다. 나도 운동본부에 참여해서 활동하고 있었다. 집이나 단체의 담장을 없애 작은 꽃밭 등을 조성하고 개인의 마음과 이웃 간의 담을 허물기 위한 논의를 해왔다. 그 결과 효성동 마을 축제에서 인천에서 최초로 효성중앙교회의 담장을 허무는 행사를 실시했다.

2004년 4월에 노틀담수녀원에서 주최한 장애인과 함께하는 환경마라톤에 계양의제가 함께 참여했다. 이때는 내가 휠체어를 직접 타고 이동하는 장애 체험을 해보았다.

10월에는 풍산금속 담장 150m를 주민 참여로 담장 벽화 그리기를 실시하여 벽화를 완성했다. 풍산금속의 회색빛 칙칙한 담장이 벽화 그리기를 통하여 밝은 마을 길로 변화했다. 풍산금속(방위산업체)에서는 주민 방문의 날을 지정하여 주민들에게 회사를 공개했다. 또한 아름다운 마을만들기 일환으로 효성동의제 녹색가게를 오픈했다.

이러한 효성마을만들기 사업은 낙후된 도심 지역에서 주민과 함께 하는 사업으로서 지방의제21 전국협의회 시범 마을로 지정되었다. 추진협의회에서는 이 사업을 지방의제21 전국대회에 공모 신청을 했다. 그 결과 2005년 전국대회에서 환경부장관상을 수상했다.

2004년 7월 9일 경기도에 있는 안양천과 탄천 비교 시찰 했다. 9월 4일 계양산분과와 교육문화분과 합동으로 하슬라 생태공원 비교 시찰 및 워크숍을 실시했다. 9월 13일 농업분과와 도시교통분과 합동으로 경기도 양평·양서 일대의 친환경 농업 단지를 비교 시찰을 했다. 9월 13일 도시교통분과와 농업분과 합동으로 경기도 용문산 워크숍을 실시했다. 11월 9일에는 교육문화분과가 수원 화성에 다녀왔다.

2005년에 들어서면서 1월 24일 효성중앙감리교회에서 위원들 간의 교류를 위하여 추진협의회 2005년 신년하례회를 개최했다. 신년하례회 및 효성동 지역개발에 관한 주민설명회를 개최했다.

2005년 2월 17일 14시에 광주 5.18 기념문화관 대강당에서 개막한 지방의제21 전국협의회 정기총회에 참석했다. 3월 3일에는 남구청에서 열린 남구의제 정기총회에 참석했다. 또한 연수구청에서 열린 연수의제 창립총회에 참석했다.

또한 11월 17일, 18일 양일간 강화군 바다의별 청소년수련원에서 워크숍이 개최되었다. 2차 광역, 기초의제21 실무자 집중교육(워크숍)에는 총 51명이 참석했다.

10월 8일 제1회 계양산 숲속의 작은 음악회를 계양산 삼림욕장에서 개최했다.

2006년 1월 18일부터 2월 20일까지 계양구청 1층 전시 공간에서

2005년 각 분과 활동 사진전을 실시하여 지난 1년간을 평가하고 준비된 사진을 전시했다. 2월 2일 계양구청 6층 대회의실에서 계양의제21 주관으로 내셔널트러스트 1차 토론회를 개최했다.

2월 20일부터 2월 24일까지 계양구청 1층 전시 공간에서 인천의제21 담장없애기운동본부의 협조를 받아 사진 57점 전시하여 담장 사진전을 개최했다. 또한 3월 22일에는 인천대공원에서 개최된 물의 날 행사에 계양의제에서 나를 포함한 12명이 참가했다. 4월 5일에는 계산녹지 9호에서 나와 계양의제21 위원들이 참석하여 나무 심기 식목일 행사를 개최했다.

9월 22일 계양산 생태공원에서 계양산 생태 기행을 통한 장애인 비장애인 인연 맺기 행사를 개최했다. 10월 28일에는 제2회 계양산 숲속의 작은음악회를 개최했다.

2006년 11월 3일 계양구청 6층 대회의실에서 계양의제21 실천협의회 출범식을 개최했다. 이렇게 2001년 5월 15일 준비위원회, 2002년 3월 추진협의회가 구성된 이후에 의제 작성 과정을 거쳐 구성원들의 지속적인 협의를 통해 2006년 11월 3일 마침내 실천협의회가 출범하게 되었다.

계양의제21 실천협의회 파행

계양의제21 추진협의회의가 실천협의회로 전환되다

이러한 과정을 거쳐 추진협의회가 실천협의회로 전환되었다. 실천협의회가 출범하면서 세 가지 입장이 있었다. 첫째는 구청장을 중심으로 계양의제를 이용하려는 입장이고, 둘째는 지속가능한 계양이라는 지방의제21 운동을 충실히 수행하려는 입장 그리고 셋째는 계양의제가 갖고 있는 문제점들을 지적하면서 개혁과 변화를 요구하는 입장이었다.

문제는 세 번째 입장이었다. 의제가 정치적으로 이용되어서는 안 된다고 하면서 실제로는 구청장이 추진하는 정책을 동조하는 경우였다.

계양의제가 개인적 친분 관계로 구성된 경우가 문제로 지적되곤 했다. 기존에 참여하던 개별 단체, 특정 지역이나 교회 등의 구성원들로 편중되게 구성된 분과도 있었다. 심한 경우 특정인에 치우쳐 사조직화되는 일도 있었다. 이런 분들이 마을의제 등 계양의제의 활동을 어렵게 만들어 버리는 경우도 있었다.

처음 실천협의회 위원들을 선정할 때는 엄격한 추천 과정과 위원 교육을 실시하여 참가한 사람에 한해 추천이 가능하도록 했다. 150여 명이 교육에 참가하고 소견서도 다 써냈다. 처음 위원 구성은 정말 모범적이었다. 그러나 실천협의회가 출범하면서 문제가 발생하기 시작했다. 분과 구성 중에 가장 치열했던 곳은 계양산분과였다. 교육 과정에서도 많이 싸웠다. 다로 다른 입장을 가지고 있는 인천녹색연합과 계양발전협의회가 같이 참여했다.

당시 계양산분과 간사를 인천연대 계양지부 조현재 사무국장과 발전협의회 사무국장이 공동으로 맡았다. 위원장은 발전협의회 회장으로 통장을 하시던 분이었다. 그런데 분과위원회 회비를 월 5만 원으로 책정했다. 그리고 간사가 연락한 사항에 대해 심하게 꼬투리를 잡기도 했다. 그러한 상황이 되자 조현재 간사는 실천협의회를 탈퇴했다.

2006년도에 이익진 구청장이 당선되고 나서도 별문제가 없었다. 롯데가 계양산 골프장 건설 사업을 발표했다. 그러면서 환경단체 등 인천시민사회단체에서는 적극적으로 계양산 골프장 문제에 대해 반대 운동을 펼치게 된다. 인천녹색연합을 비롯한 시민사회단체 회원들이 계양산 나무 위에서 농성에 돌입하고, 삼보일배 등의 행동을 했다.

계양의제에 참여하고 있던 나와 이한구 씨 등 일부 사람이나 단체들이 골프장 반대 운동에 동참했다. 이런 점들이 구청장의 심기를 건드린 모양이었다. 이익진 구청장은 2008년 하반기에 계양의제를 폐지하겠다고 했다. 결국 의제를 자기가 만들고, 자기가 없애는 데 앞장선 셈이다.

계양의제21 실천협의회 폐지 논란에 휩싸이다

2008년 10월에 계양구청의 내부 공람으로 계양의제21 실천협의회를 폐지한다고 알려진다. 이때 구의회에서는 난리가 났다. 왜냐하면 조례에 의해 만들어진 기구가 구의회와 아무 상의 없이 폐지한다고 하니 이건 구의회의 권한을 침해하는 명백한 월권행위이기 때문이다. 구에서는 지속가능발전기본법에 따라 지방의제21 기구가 모두 폐지된다는 입장이었다. 하지만 사석에서는 담당 과장이 상황이 어쩔 수 없지 않느냐고 했다.

정부에서 추진한 지속가능발전기본법의 발효에 따라 지방의제21 기구가 폐지된다는 해괴한 논리였다. 2009년 예산을 편성하는 것은 감사원 지적사항이라고 했다. 내년에 지방의제21이 다 폐지될 것이라고 사실을 왜곡하면서까지 계양의제를 없애려 했다. 관련해서 환경부에 질의도 했다.

그렇지만 248개 지자체 중 230개의 지방의제21은 어떤 지적도 받은 적이 없다. 오히려 인천에서 서구의제는 2008년에 예산이 증액되었다. 그리고 강화군의제가 만들어지는 등 인천에서 지방의제21 운동이 활성화되어 가고 있었다.

계양의제21에는 새마을, 자유총연맹, 바르게살기운동협의회, 여성단체협의회, 중소기업협의회 등 지역 내 단체가 거의 다 들어와 있었다. 그러다가 2008년 이후 행정과 대립하는 과정에서 어려운 상황이 되자 구청장과 가까운 사람들은 계양의제에서 빠지게 된다. 나머지 사람들은 그대로 의제에 남아 있었다.

계양의제21 진행과정에서 이런 사람들 때문에 시민사회단체 구성원들은 계양의제를 그만두고 일정한 거리를 두기도 했다. 인천녹색연합에서 참가한 위원들도 다 빠졌다.

상황이 이렇게 변하자 2008년 12월 21일 계양의제 위원장 간사회의가 긴급하게 의제 사무실에서 열린다. 이 자리에서 계양의제21 실천협의회 비상대책위원회(이하 비상대책위원회)를 구성하기로 결정했다. 당시 교육문화분과 위원장이었던 내가 비상대책위원장으로 선출된다. 그리고 위원장 간사 회의가 비상대책위원회로 전환된다.

그후 계양의제는 비상대책위 회의를 통해서 대책을 수립해 나간다. 그러던 가운데 계양구에서 계양의제를 폐지한다고 하자 계양산분과는 12월 송년회에서 일방적으로 스스로 해산 결정을 하게 된다. 그러나 구의회도 계양의제 폐지가 잘못이라고 문제를 제기했다. 그리고 다른 위원들도 해산에 동의한 적이 없다고 문제 제기하면서 다시 계양산분과를 구성했다. 해산을 이끌었던 분들은 계양산 골프장과 관련하여 롯데와 상당한 관계가 있었던 것이 아닌가 생각했다.

2009년 3월 3일 계양구의회에서 계양의제 조례 폐지 반대 기자회견을 했다. 나는 계양의제 폐지 문제가 단지 계양 문제만이 아니라 의제 전체에 대한 도전으로 받아들였다. 그래서 이 문제는 전국적으로 전국적인 사안으로 확대시켰다. 4월 29일에는 계양의제, 인천의제, 전국협의회 연석회의를 계양의제 사무실에서 개최했다. 그리고 그 자리에서 계양의제21 실천협의회 정상화를 위한 전국비상대책위원회를 결성하기로 합의했다.

6월 26일 실천협의회 정상화를 위한 전국비상대책위원회를 결성하고 내가 비상대책위원장으로 선출되었다. 그리고 이날 7080팝스란 곳에서 계양의제21 후원의 밤을 개최했다. 이렇게 계양의제 파행 해결을 위한 투쟁 조직을 출범시키고 새롭게 투쟁 의지를 다진다.

2005년부터 롯데가 30억을 출자하여 계양산 재단을 설립하겠다고 인천시, 계양구에 공문을 보냈다. 그리고 계양의제21과 같이 하자고 계속 제안을 했었다. 이런 제안을 받은 사람 중 한 사람은 이 건을 계양산분과의 안건으로 제출했다. 그 일 때문에 상당한 마찰이 있었다. 그것이 원인이 되어 실천협의회를 구성할 때 이한구 씨와 반대쪽에 있던 사람이 동시에 계양산분과에서 빠졌다. 대신 골프장 관련해서 더 이상 분과 안에서 언급하지 않기로 했다.

그래서 남아 있는 계양산분과 위원들이 시민사회단체의 의견을 무시하고 못하게 했다. 나중에 알고 보니 이들이 계양의제 관인을 도용해서 계양산 골프장을 찬성하는 입장을 내기도 했었다. 계양산 음악회 명목으로 롯데로부터 돈을 받기도 했었다. 그 당시에는 그런 일들을 전혀 몰랐다. 나중에야 그런 행위들을 한 것을 알았던 것이다.

그럼에도 계양의제가 지금까지 왔다. 추진협의회 때 여러 가지 갈등과 논쟁이 있었다. 그래도 하나하나 합의하면서 진행되어 실천협의회 구성까지 나아간 것이다. 입장이 다르고 감정이 악화되어도 탈퇴한 것이 아니라 서로 합의하면서 나아갔다. 그게 바로 의제 정신이었다.

전국의제에서도 계양의제와 같은 사례가 많았다. 천안의제의 경우 덕성산 도로 개발을 둘러싸고 시민 민간 위원들이 전원 탈퇴했다가 시장이 바뀐 뒤 다시 가입한 일이 있었다. 서울 녹색서울시민위원회는 난지도 골프장 문제로 행정과 단체들이 첨예하게 대치한 상황도 있었다. 그렇지만 계양의제는 분과에서 개인이 탈퇴한 경우는 있어도 전체적으로는 유지했다.

이런 상황 속에서 2009년 1월부터 예산이 중단되었다. 구의회에서 조례를 폐지하지 않으니 구청에서는 계양의제 사무실을 없애지 못했다. 대신 예산을 배정하지 않았다. 그리고 지속가능위원회를 만들어서 계양의제를 없애겠다고 조례안과 사람을 뽑아 놓기도 했다고 한다.

계양의제가 이러한 어려운 상황에서 버틸 수 있었던 것은 예산 지원액 중 사무국 운영비와 공통 사업비를 빼면 분과사업비는 120만 원밖에 되지 않았다. 계양산 음악회도 예산 편성을 안 해주니 의제 위원들이 자발적으로 움직였다. 스폰서를 구하는 등 노력을 하여 계양산 음악회를 진행했다. 그 결과 관객을 700명 이상을 모아 좋은 반응을 얻었다. 위원들의 자발성에 기초해서 사업을 추진한 것이었다.

사회복지분과에서 추진한 사회복지엑스포도 마찬가지였다. 위원과 소속 단체들의 자원 네트워크가 모자란 예산을 뒷받침하는 힘이 되었다. 그밖에 계양산분과에서 샛길을 막거나 나무 심기도 회비나 협력을 통해서 했다. 의제가 돈 가지고 사업을 하는 것이 아니라 스스로 사람을 조직하고 움직이게 하는 것으로 사업을 했다. 예산이 끊겨 어려움을 겪는 사무국의 운영비를 위원들이 책임지는 결의까지 이끌어냈다.

이렇게 2009년 예산이 집행되지 않으면서 조례 폐지를 막는 데 힘을 쏟았다. 정부의 의제 담당 부서인 환경부에도 공문을 보내 지속가능발전기본법의 유권 해석을 받고 확인함으로서 계양의제의 투쟁의 정당성을 확보했다. 결국 4월에 계양의제21 조례 폐지안이 계양구의회에서 부결된다.

각 분과에서는 사업들을 계속 진행했다. 사무국 운영비를 제외한 분과 사업비가 얼마 되지 않았기에 분과 사업에 대한 예산 단절은 큰 의미가 없었다.

2009년 11월 24 계양의제21 실천협의회 제6회 정기총회가 잔치부페에서 개최되었다. 이 자리에서 내가 실천협의회 상임회장에 선출되었다. 2008년 이익진 구청장의 계양의제를 폐지하려고 하면서 벌어진 일련의 사태가 원만하게 마무리된 것이다.

내가 2008년 12월 21일 비상대책위원장으로 선출되고 계양의제21 위원들의 협조와 일치된 노력으로 구청장을 상대로 투쟁을 전개해 나갈 수 있었다. 또한 인천의제와 각 구군 기초의제들이 힘을 모아주었다. 그리고 전국협의회가 적극적으로 관여하여 계양의제21 실천협의회 정상화를 위한 전국비상대책위원회를 결성함으로서 투쟁 동력을 강화시켰다. 전국적인 폐지 반대 여론이 형성되고 사태 해결에 힘을 보태게 되었다.

이러한 과정을 거쳐 조례 폐지안이 구의회에서 부결된 것이다. 그동안 계양의제는 예산지원이 차단된 어려움 속에서도 위원 스스로 극복해 나갔다. 이것은 내부 결속을 단단하게 다지는 결과를 얻게 되었다. 그리고 정기총회를 통하여 계양의제를 바로 세울 수 있었다.

계양의제의 파행을 저지한 것은 위원들의 결집한 힘과 인천 지역 구군 기초의제, 인천의제 나아가 전국협의회의 도움이 결정적이었다. 도움을 주신 모든 분께 이 자리를 빌려서 감사드린다.

계양의제21 실천협의회 정상화

인천광역시기초의제협의회 회장을 맡다

이렇게 계양의제가 정상화가 되면서 내가 임기 2년의 계양의제21 상임대표로 선출되었다. 2010년 1월에는 인천광역시기초의제협의회 회장에 선출된다. 기초의제협의회는 인천의 기초 구군의제들이 연합하여 만들어진 단체다.

의제 대표 임기는 2년이다. 2012년에 상임대표를 연임하고 2014년 초에 퇴임했다. 상임대표를 퇴임하면서 인천광역시기초의제협의회 회장도 사퇴하게 되었다.

아쉬운 것은 내가 계양의제21 상임대표를 퇴임한 이후에 계양의제의 활동이 쇠퇴한 것이었다. 내 후임으로 상임대표를 맡은 분이 의욕적으로 시작을 했는데 1년 후에 어려움을 느끼고 상임대표직을 사퇴했다. 그 후로 조직이 축소되면서 계양구청으로부터 예산도 줄어들게 되었다. 몇 년 후에는 의제 사무실도 구청에 반납하고 좁은 지하로 이동하는 일도 일어나게 된다.

브라질 유엔지속가능발전회의(Rio+20)에 참석하다

필자는 2011년 2월 교사 생활을 마감하고 명예퇴직을 했다. 지역에서 여러 가지 일을 하면서 학교 일은 아무래도 소홀하게 되었다. 그리고 시민단체 일을 하는 것이 점점 힘들어졌다. 그래서 결단을 내리고 퇴직을 했다.

기초의제협의회 회장을 하는 동안 특히 기억에 남는 것은 브라질 리우데지네이루에서 열린 유엔지속가능발전회의(Rio+20)에 참석한 것이다. 내가 학교를 퇴직했기 때문에 참여가 가능했던 것이다.

2012년 6월 나와 박상문 인천의제 상임회장, 박홍렬 사무처장, 지영일 그린스타트 사무국장 4명이 인천 대표로 2012 브라질 국제회의인 ICLEI 세계총회(Rio+20)에 참석했다. 나는 인천광역시기초의제협의회 회장 자격으로 참여했다. 6월 18일 출발하여 6월 27일 인천공항에 도착하는 일정이었다.

6월 18일(월) 11:50 아시아나항공을 타고 인천공항 출발했다. 런던 히드로공항을 경유하여 브라질로 향하는 일정이다. 6월 19일 아침 리우데자네이루공항에 도착했다.

인천에서 출발하여 영국으로 12시간 정도 가는데 낮만 계속되었다. 히드로공항에 도착해서도 밝은 대낮이었다. 히드로공항에서 7시간 대기했다. 그리고 히드로공항에서 출발하여 12시간 정도 걸려 브라질에 도착했다. 다시 브라질 국내선을 환승하여 2시간 정도 걸려 리우에 도착하게 된다. 모두 35시간 정도 걸린 것이다. 정말 먼 여정이었다.

리오센트로 컨벤션센터 입구에서

리우에 도착하여 바로 리우+20 행사장인 리오센트로 컨벤션센터로 이동했다. Rio+20 시민사회세션 등 부대행사와 글로벌타운홀 세션에 참석했다.

6월 20일 이날은 Rio+20 개막일이다. 글로벌타운홀 세션에 참석하고 리우데자네이루 역사 문화 도시 체험 돌아보기를 했다. 나는 슈거로프, 예수상, 박물관 등을 방문했다.

슈거로프는 봉우리 모양에서 이름이 유래했다. 화강암으로 된 원뿔형 산으로 리우데자네이루와 대서양 사이에 있는 짧은 산맥 끝에 솟아 있다. 기슭에 상주앙 요새가 있으며, 산꼭대기에는 인접한 우르카산까지 케이블카가 운행된다. 나는 이 케이블카를 타고 정상까지 올라갔다.

코르코바도산 정상에 있는 이 예수상은 거대한 조형물이었다. 코르코바도산이 704m에 예수상이 38m이다. 높이 솟아있는 이 예수상은 리우데자네이루 곳곳에서 다 볼 수 있을 것이다.

6월 21일 리우+20 진행에 참여했다. 글로벌타운홀 등 리오 파빌리온 세션에 참가했다.

6월 22일 세계적인 생태 환경 도시인 꾸리찌바를 향하여 출발했다. 이곳은 브라질 남부 파라나주의 주도이다. 꾸리찌바공항에 도착하여 시내 돌아보기 체험과 도시계획연구소(IPPUC)를 방문했다. 환경 NGO APROMA와의 석식 간담회 및 꾸리찌바 한인회 도서 기증 전달식을 진행했다.

6월 23일 교통 환경 체험, 오페라 하우스, 바리귀공원 등을 방문했다. 그리고 이과수를 향해 출발했다. 이과수공항에 도착해 Rest. FOGO DOURADO에서 점심을 먹는다. 그 후에는 세계 최대 수력발전소 이타이푸댐을 탐방했다.

오페라하우스는 폐광 지역에 건설했다. 이곳을 문화공간으로 바꾸고 시민들의 휴식처인 공원과 식물원을 만들었다. 바리귀공원은 꾸리찌바를 대표하는 공원이다. 가까이에서 동물을 볼 수 있는 곳으로 유명하다. 아름다운 자연과 귀여운 동물 그리고 인간이 공존하는 공원이다. 이타이푸댐은 브라질과 파라과이의 국경을 흐르는 파라나강에 세워졌다. 높이 196m, 길이 7.37km, 저수량 190억m^3인 거대한 댐이다.

6월 24일 오전에 파라과이 면세 지역 관광을 했다. 그리고 세계 최대인 브라질쪽 이과수폭포를 보러 갔다. 폭포가 쏟아져 내리는 바로 옆에 있는 전망대에서 폭포를 바라보았다. 누렇고 탁한 엄청난 양의 물이 굉음을 내며 흘러내리는 모습은 장관이었다. 또한 사파리 정글 투어 및 쾌속 보트를 이용하여 이과수폭포 투어를 했다. 보트가 폭포 속으로 들어갔다 나오는 것이다. 나는 우비를 입었지만 폭포 쏟아지는

브라질에서 본 이과수폭포

물을 흠뻑 맞았다. 저녁 전에는 Bird Park(남미 희귀조 공원)에 들렀다.

6월 25일 아르헨티나편 근거리 폭포 관광을 떠났다. 파라나강을 횡단하는 다리를 지나 이과수폭포의 아르헨티나 영역인 악마의 목구멍에 도착했다. 목을 따라 음식이 넘어가듯 둥글게 형성된 거대한 폭포가 중심을 향해 엄청난 양의 물이 쏟아져 들어간다. 장관이었다. 주위에는 물안개가 형성되어 우비를 입었지만 축축하게 젖었다. 자연의 경이로움에 스스로 압도되면서 폭포 속으로 빨려 들어가는 느낌이었다.

오후에는 브라질편 국내 공항 도착했다. 리우데자네이루로 출발했다. 리우에 도착하여 밤에 인천공항으로 출발했다. 독일 프랑크푸르트 공항을 경유하여 인천에 도착했다.

유엔지속가능발전 정상회의(Rio+20)에는 이명박 대통령이 참석했다. 이 회의에서 지속가능발전 이행에 대한 의지를 표명한 결과 문서 "The Future We Want"를 채택했다. 이명박 대통령은 6월 20일(수)

기조연설을 통해 경제 위기, 빈부격차 확대, 기후변화 등 범지구적 도전에 대응하여 지속가능발전을 구현할 포용적 실천 전략으로 녹색성장을 전 세계에 확산시키겠다는 의지를 천명했다. 정부는 4대강 사업을 녹색성장으로 홍보했다.

이처럼 9박 10일의 일정을 마치게 되었다. 브라질은 우리나라에서 지구 반대편에 위치하고 있다. 남미의 지역과 생태는 우리가 국내에서 볼 수 없는 광대한 규모였다. 우리와는 완전히 다름을 볼 수 있었다. 쉽게 할 수 없는 소중한 경험을 하고 돌아왔다.

계양구 청소년 300인 원탁토론을 개최하다

2013년 계양의제 사업으로 계양구 청소년 300인 원탁토론을 개최했다. 부제는 "나도 말할 수 있다"였다. 이 사업은 인천의제에서 사업예산을 받아 진행했다. 나는 의욕을 가지고 이 일을 시작했다. 그러나 많은 사람이 300명이나 참여하는 원탁토론을 너무 무리하는 것이라고 하면서 탐탁하지 않게 보는 사람들도 있었다.

이 원탁토론의 취지는 청소년 문제를 어른들의 눈이 아닌 청소년들이 토론을 통해 스스로 문제를 찾아보자는 것이다. 문제에 대해 벌어진 결과를 놓고 해결책을 찾자는 것이 아니다. 청소년들이 무엇을 가장 문제라고 여기고 있으며, 그 문제의 근원은 무엇인지 알아보자는 것이다. 그리고 문제를 극복하기 위해서는 무엇이 필요한지 청소년들이 직접 말하고, 토론함으로써 그 해결 방향을 찾아보자는 것이었다.

이 원탁토론은 참여자 300명이 30개 조로 나누어 진행하는 계획이었다. 각 테이블에 토론 진행자(퍼실리테이터)를 포함하여 10명으로 편성하고 토론을 진행하는 것이었다. 토론자와 청중이 나누어져 의견을 발표하는 것이 아니라 모두의 의견을 취합하는 방식이었다.

원탁토론을 진행하기 위해 계양구 관내 중고등학생을 모집하려고 했다. 원래 서부교육지원청에서 지원을 받아 진행하려는 계획을 세웠다. 사전에 서부교육지원청에 찾아갔을 때는 공문을 학교에 보내주고 협조를 해준다고 했었다. 그래서 원탁토론을 구상하고 준비했는데 막상 사업을 시작하려고 하니 처음과는 말이 달라졌다. 직접 학교에서 협조를 얻으라고 하는 것이었다.

처음부터 난관에 부딪히게 된 것이다. 계양구청 담당 부서인 환경위생과에서는 쓸데없이 왜 일을 벌이느냐고 하는 것이었다. 계양구청에서 예산을 받아 시행하는 일도 아닌데 말이다. 이런 상황이 되자 행정공동대표인 부구청장과 만나 상의를 했다. 부구청장은 일을 시작하다가 본인이 필요한 상황이 되면 도와주겠다고 했다.

이렇게 되자 계양의제 일반 위원들도 움직이기 어려운 상황이 되었다. 이때부터 나는 몸으로 부딪치기 시작했다. 예산을 확보해 놓은 상황이라 취소할 수도 없었다. 나는 계산중학교를 찾아가 원탁토론 이야기를 했다. 결과는 부정적이었다. 학생들을 보내주기 어렵다는 것이었다. 주위에 여기저기 상의를 하다 보니 계양구 고등학교 교장단 회의 회장을 김성기 계산고등학교 교장이 맡고 있다고 했다. 그래서 김성기 교장을 찾아갔다. 만나서 사정을 말하고 협조를 부탁했다. 김성기 교장은 내 말을 듣더니 제안을 한다. 참가하는 학생들에게 줄 상을 만들어 오라는 것이다. 그러면 학생 모집을 도와주겠다고 했다. 김교장은 안 된다고 하지는 못하고 어려울 것이라고 생각하여 이러한 조건을 제시한 것 같은 생각이 들었다.

그래서 우선 부딪쳐 보기로 했다. 나는 먼저 인천시청에 들어가 원탁토론에 대하여 설명하고 시장상을 달라고 요청했다. 여러 경로를 통하여 노력한 결과 시장상을 주기로 약속을 받는다. 또한 교육청에 들어가서 같은 방법으로 협상하여 교육감상을 얻어냈다. 다음에는 시의회에 들어가 시의회 의장상을 주겠다는 약속을 받아낸다. 그 후에 새얼문화재단 지용택 이사장을 찾아뵙고 새얼문화재단 이사장상을 수여하기로 약속을 받았다. 마지막으로 계양구청에 구청장과 구의회 의장을 만나 상을 주기로 약속을 받아낸다.

이렇게 상을 주기로 약속을 받고 김성기 교장을 다시 찾아갔다. 김 교장은 약속대로 계양구내 고등학교에 공문을 보내 주기로 했다.

계양구에 20여 개 중고등학교가 있으니 한 학교당 10명에서 15명 정도의 학생들이 보내야 300명을 채울 수 있었다. 이런 상황이 되자 계양의제 교육문화분과 위원 중에서 자녀가 중학교에 다니거나 학교에 연고가 있는 위원들이 적극 협조하여 직접 중학교를 찾아가 교장들을 설득했다. 내가 혼자서 안타까워하는 모습이 애잔하게 보였던 모양이었다.

이렇게 시장상 등 상이 마련되면서 김성기 교장의 도움과 위원들의 적극적인 협조로 인원 모집은 순조롭게 진행되었다.

토론 진행자인 퍼실리테이터를 구하기 위해 대학생들의 협조를 구하려고 경인교대와 경인여대를 찾아가 총장을 만난다. 그 결과 경인여대는 부정적이었다. 경인교대 이재희 총장은 도와주겠다고 했다. 또한 300인 토론회는 많은 참여자가 있기 때문에 개최 장소도 넓은 곳이 필요했다. 의논 결과 개최 장소도 경인교대 인천캠퍼스 강당을 빌려주기로 했다.

이렇게 토론 진행자(퍼실리테이터)로 경인교육대학교 학생 30명을 선정했다. 이 학생들은 퍼실리테이터 교육을 받고 토론에 참여했다.

원탁토론 당일에는 계양의제 각 분과에서 업무를 분장해서 진행했고 각자의 역할을 충분히 해주었다. 토론자가 300명이고 초대한 지역 인사들이 참여했다. 또한 각 학교 인솔 교사들이 학생들을 데리고 참여해서 350명 정도의 인원이 체육관에 모여서 큰 행사를 시행했다. 토론은 전문회사인 코리아스픽스에서 맡아서 진행했다.

결과는 대성공이었다. 참여한 학생들이 직접 토론에 참여하고 자신들이 말을 하니 원탁토론 중간에 이탈자가 거의 없었다. 보통 행사를 하면 많은 학생들이 중간에 없어지지만 자신들의 의견을 내는 것이니 모두 집중해서 참여했다.

원탁토론에서 나온 결과물을 정리하여 교육청과 각 학교에도 보내주었다. 원탁토론의 결과로 도출된 제안들이 이후 각급 기관의 주요 정책으로 채택될 수 있도록 했다.

행사가 끝난 후에 상을 팀별로 수여해 팀에 속한 모든 학생에게 주기로 했다. 그리고 시청에 들어가 담당 직원을 만나니 너무 많은 상을 준다는 말도 했다.

이렇게 행사가 무사히 끝나고 좋은 반응을 얻었다. 행사를 위해 협조해 준 모든 분께 고마움을 전달했다. 특히 경인교대 이재희 총장은 원탁토론 처음부터 끝까지 모든 것을 협의하면서 진행했고 도움을 주셨다. 학생들의 퍼실리테이터 참여 문제, 강당 사용 문제 등을 담당

계양구 청소년 300인 원탁토론

부서에 지시하여 적극적으로 협조하도록 해서 행사를 원만하게 진행할 수 있었다.

이렇게 원탁토론을 마치고 연말에 서울에 올라갔다가 지하철역에서 갑자기 가슴에 통증을 느끼고 답답해지면서 제대로 걸을 수가 없었다. 겨우 집에 돌아와 밤에 간호사로 근무하고 있는 딸에게 전화를 했다. 그러자 응급조치로 먹던 혈압약을 더 먹으라고 했다. 먹고 나니 밤에 조금 상태가 나아졌다. 아침에 일어나 계양구에 있는 한림병원에 갔다. 의사가 내 상태를 보더니 협심증이라고 했다. 초음파 검사를 하니 세 군데가 막혔는데 하나는 놔두고 2개의 스텐트 시술을 해야 한다고 했다.

이 병원에는 딸이 간호사로 근무하고 있었다. 그리고 이사장과 원장이 모두 지역에서 같이 활동하고 있었기 때문에 바로 시술에 들어

갈 수 있었다. 시술은 잘 끝나서 3일만에 퇴원할 수 있었다.

이 원인은 스트레스가 아니었나 생각한다. 원탁토론을 진행하면서 몇 개월 동안 하루도 마음이 편한 날이 없었다. 사업이 원만히 진행되었으면 괜찮았을 것이다. 그러나 처음부터 위기가 닥치고 그것을 해결하기 위해 신경을 곤두세우고 하나하나 일을 해결해 나가야 했다. 그것들이 쌓이고 쌓여 결국은 몸에 부담을 준 것이었다고 생각한다.

인천의제21 실천협의회 활동

2002년 5월 인천의제21 실천협의회 실행위원으로 인천의제에 참여했다. 2003년에는 인천의제21 조직개편 전담 팀원으로 활동했다. 2004년 2월에는 인천의제 평가위원으로 2005년 5월에는 인천의제 조례개정 TF팀 팀장으로 활동했다.

2006년에는 인천의제21실천협의회 제6기 운영위원으로 또한 인사위원으로 활동했다. 또한 2006년 7월부터 2010년 2월까지는 4년간 인천의제21실천협의회 감사를 맡았다.

2006년 10월에는 지방의제21전국협의회에서 감사패를 수상했고, 2008년 12월 인천의제 10주년 기념식에서 공로패 수상했다.

2012년부터 인천의제21실천협의회 제9기, 10기 운영위원을 맡았고, 2016년 11월에는 다시 인천의제21실천협의회 인사위원을 맡아 2019년까지 활동했다.

V. 인천 지역 시민사회 활동

계양 지역에서의 활동

1998년 쌍용두산아파트를 분양받아 이사 오면서 아파트 문제를 해결해 보겠다는 의지로 입주자대표회의에 참여했다. 이것이 계산 지역에서 활동하게 되는 계기가 되었다.

그 이후 아파트 입주자대표회장을 하게 되고, 그 결과 계양산 화약고 설치 반대 구민대책위원회 집행위원장, 계산 지역 러브호텔 및 퇴폐유흥업소 난립 저지 공동대책위원회 상임대표 등 활동을 하게 되었다.

2001년에는 지역에 경인여대와 인하대에 문제가 발생하면서 경인여대 구속 교수 석방을 위한 인천시민대책위원회, 인하대 김영규 교수 파면 철회를 위한 인천시민대책위원회, 공동집행위원장을 맡게 되었다. 내가 전교조 인천지부 수석부지부장이었기 때문일 것이다.

12월 계양에서 활동하다 보니 계양 청소년유해환경감시단 설립추진위원회가 추진되어 공동대표를 맡았다. 또한 계양구 생활유해환경개선대책위원회 공동대표를 맡아 6월 출범식을 거행했다. 9월에는 이한구 씨가 창립한 「계양신문」 자문위원으로 참여했다.

공무원, 교수 노동기본권 쟁취를 위한 인천지역공동대책위원회 활동을 하다

전국공무원노동조합은 2002년 3월 23일 창립했다. 공무원들은 헌법상의 노동3권이 원칙적으로 금지되어 있고, 법률 유보되어 제한적으로 허용될 여지만 있었다. 그러던 중 1999년에 '공무원직장협의회'가 건설되었다. 이 단체는 '전국공무원직장협의회 발전연구회'와 '전국공무원직장협의회 총연합'을 거쳐서 2002년 3월 '전국공무원노동조합'으로 출범했다.

공무원노조 투쟁 과정에서 조합 간부들이 사법 처리 되는 사태가 발생했다. 지역에서는 공무원노조를 그대로 두고 볼 수 없어 대책위가 필요하다는 논의가 진행되었다. 그 결과 2003년 5월 6일 공무원노조 인천본부 사무실에서 공직사회개혁·대학사회개혁과 공무원, 교수 노동기본권 쟁취를 위한 인천지역공동대책위원회 제1차 대표자, 집행위원 연석회의가 개최되었다.

이 자리에 대표자로 민주개혁을위한인천시민연대 오순부 상임의장, 공무원노조 인천본부 이준기 본부장. 집행위원으로 나(전교조인천지부)와 전교조인천지부 김윤수 대외협력국장, 민주개혁을위한인천시민연대 이은주 집행위원장, 민주노동당 부평을지구당 박재성 위원장, 민주노총인천본부 장용준 조직국장, 민주주의민족통일인천연합 이선년 노동위원장, 사회진보연대 이대우 등이 참여했다. 회의 결과 내가 집행위원장으로 선출되었다.

공무원노조 인천본부 간부 10명에 대한 사법 처리 대응 방안에 대하여 논의했다. 인천시장 면담을 하기로 하고 인천시와의 접촉은 내가 하기로 했다. 인천공대위의 위상 및 역할에 대한 것은 공무원노조 합법화를 위해 엄호 지지하는 역할을 하는 것으로 했다.

공대위에서는 공무원노조 인천본부는 조합원과 함께 승리하는 투쟁을 할 때만이 지도부가 고립되지 않을 수 있다. 또한 일반시민과 시민사회단체의 엄호 지지를 받을 수 있는 내용으로 할 수 있도록 해야 한다. 그래야만 공무원노조 합법화에 인천 지역의 힘을 받을 수 있다. 이와 같이 공대위에서 공무원노조에 요청했다.

그 이후 상황이 급박하게 돌아가면서 수시로 집행위원회를 개최하고 집회 등을 하게 된다. 나는 회의와 집회에 거의 모두 참석을 했다. 또한 공무원노조 전국적인 행사에도 시간을 내서 함께했다.

내가 가지고 있는 자료는 2005년 1차(39차) 집행위원회 자료까지다. 이때는 민주노총인천본부, 전교조인천지부, 교수노조경인지부, 인천연대, 공무원노조인천본부가 참여했다.

안건은 남동구청장 면담 거부에 대한 대응의 건이고 다시 한번 면담 요청을 하기로 했다. 면담에는 나(인천공대위 집행위원장), 원학운(민주노총 인천본부장), 이정우(평화와참여로가는인천연대 공동대표), 염성태(민주개혁을 위한 인천시민연대), 이현주(교수노조 경인지부장) 등이 함께 참석하기로 했다.

이처럼 공무원노조 활동을 하면서 정부와 투쟁 과정에서 공직을 떠난 분들도 많았다. 이렇게 몇 년 동안 공무원, 교수 인천공대위 집행위원장으로 활동하면서 공무원노조 인천본부, 경인여대, 인하대 등의 분규에 관여하게 되었다.

인천 지역에서의 시민사회 활동

2002년 말로 전교조 인천지부 수석부지부장 임기가 끝났다. 2003

년 초에 인천참여자치연대 박인규 사무처장이 나를 만나자고 했다. 그 자리에서 이제 전교조 임기가 끝났으니 시민사회 활동을 하라고 권유했다. 그러면서 인천참여자치연대 활동에 관여하기 시작했다. 2월에 인천참여자치연대 의정감시단장을 맡았다. 3월에는 계양구민반전평화운동본부 상임공동대표, 7월에는 「계양신문」 주민 신문 추진위원회 부위원장을 맡았다.

8월에는 경인여대 학원민주화 정착을 위한 범인천시민대책위원회 집행위원장, 12월에는 17대 총선 정치자금 시민모니터단 단장, 2004년 3월에는 경인방송 대책위원회 집행위원장을 맡았다.

2004년 3월 인천참여자치연대 운영위원장으로 선출되었다. 12월 환경유공자로 인천광역시장 표창을 수상했다. 2005년 2월에는 인천참여자치연대 공동대표로 선출되었다.

노무현 대통령 시절인 2005년 7월부터 4년 동안 제12기, 제13기 민주평화통일자문회의 자문위원으로 위촉되어 활동했다. 12월에는 민주평화통일자문회의 계양구협의회 청년분과위원장으로 선임되었다. 그 후 문재인 대통령이 당선되면서 2018년 9월 민주평화통일자문회의 자문위원으로 다시 선임되었다. 제17기, 제18기 민주평화통일자문회의 자문위원으로 4년간 활동했다.

2006년 10월에는 롯데골프장 반대 계양대책위원회 공동대표, 2007년 3월에는 계양산골프장저지 및 시민자연공원추진 인천시민위원회 공동대표를 맡았다.

2008년 9월에는 계양산에 반딧불이 서식지를 보호하기 위하여 2008 계양산 반딧불이 축제를 개최했다. 그리고 조직위원장을 맡았다.

2011년, 2012년에도 계양산 반딧불이 축제 상임대표를 맡았다. 계양역에 부스를 만들어 반딧불이에 대한 홍보와 행사를 진행했다. 그리고 지역에서 계양산 반딧불이 서식지 탐방 신청을 받아 반딧불이를 관찰하러 계양산을 방문했다. 특히 아이들은 반딧불이가 반짝이는 모습을 보고 좋아하고 신기해하곤 했다.

2011년 3월에는 OBS 경인방송 시청자위원을 맡아 1년 동안 활동했다. 5월에는 강화에 조력발전소를 건설한다고 하여 인천만 조력발전 건설 유보를 위한 범시민서명운동본부를 구성하고 운영위원장으로 활동했다. 이때는 민주당 시당위원장인 문병호 국회의원과 한나라당 시당위원장인 윤상현 국회의원을 만나서 조력발전에 대한 설명을 했다. 그리고 양당 위원장 명의로 조력발전 건설을 반대한다는 합의문을 작성하여 발표했다.

7월에는 계양산에 작은 땅을 구입하여 골프장 개발을 막아보자는 의미로 계양산 보전을 위한 한평사기운동본부를 결성하고 상임대표를 맡았다. 그리고 땅을 구입하기 위한 모금을 시작했다. 그 결과 6,000여만 원의 모금을 하여 계양산에 땅을 구입하려고 노력했다.

9월 1일에서 3일까지 인천광역시에서 송영길 인천시장과 기업인, 시민사회 등 인천 지역 각계 인사 120여 명이 중국 천진을 방문했다. 나는 시민사회대표로 이 행사에 참여했다. 9월 18일에는 인천희망의 숲과 관련해서 몽골 울란바토르를 방문했다. 그런데 몽골에 도착한 다음 날 어머니가 돌아가셔서 돌아오게 되었다. 밤늦게 항공편을 구해 새벽에 인천공항에 도착하여 장례식에 참석했다. 12월에는 고등학교 동문인 재경인경희동문회 회장을 맡았다.

2012년에는 계양구 사회복지협의회 운영위원, 2014년에는 인천계양지역자활센터 운영위원장, 인사위원으로 위촉되어 활동했다. 또한 2017년 11월부터 2023년까지 인천계양지역자활센터 운영위원으로 활동했다.

2012년 5월에는 인천시민햇빛발전협동조합 추진위원으로 참여하여 2012년 11월 인천시민햇빛발전협동조합 발기인 2013년부터는 인천햇빛발전협동조합 이사로 활동하고 있다. 또 2013년 4월부터 인천시민사회단체연대 지도위원으로 위촉되어 참여하고 있다.

경인교대가 인천과 경기캠퍼스로 분리되어 인천캠퍼스에서는 1학년만 수업을 받고 2, 3, 4학년은 경기캠퍼스에서 수업을 받게 되었다. 그래서 2013년 5월에 경인교대 인천캠퍼스 정상화를 위한 계양구민 대책위원회를 결성하고 대책위원장을 내가 맡게 되었다.

2013년 5월 내가 인천광역시 계양산보호위원회 위원으로 위촉된다. 2년 동안 부위원장으로 활동했다. 2014년, 2015년, 2016년, 2017년에는 효성1004마을축제 자문위원으로 활동했다. 2015년에는 인터넷신문 「인천in」 비상대책위원회가 구성되고 비상대책위원장을 맡았다. 「인천in」은 2009년 12월 시민주주 240명의 참여로 창간된 인터넷 신문이다. 2016년 10월 (사)황해섬네트워크가 창립되면서 감사로 위촉되었다. 2017년에는 계산 택지 공공부지 정상화 대책위원회 상임대표를 맡았다. 2020년 3월에는 인천광역시교육청 시민감사관으로 위촉되어 2년 동안 활동했다. 2020년 11월 인천일보평화연구원이 개원하여 운영위원으로 위촉되었다.

7대 종단 종교인 금강산을 방문하다

2015년 11월 9일~10일 한국종교인평화회의와 조선종교인협의회가 주관하여 금강산에서 남북 종교인 모임을 개최했다. 그리고 민족의 화해와 단합, 평화와 통일을 위한 남북 종교인들의 공동성명을 발표했다.

2008년 7월 11일 금강산으로 관광을 간 박왕자 씨가 조선인민군 육군 초병의 총격으로 사망하는 사건이 발생했다. 당시 피해자는 해안가를 산책하던 중 관광 통제 울타리를 넘어갔다고 한다. 이때 인민군 육군 해안초소 초병이 등 뒤에서 발사한 총탄에 맞아 숨졌다.

이 사건을 계기로 6.15 공동선언 이후 이어온 남북 관계가 경색되었다. 이때부터 금강산 관광이 중단되었고, 같은 해 개성 관광도 중단되었다. 햇볕정책으로 훈풍이 불던 남북 관계는 경색되었다. 2016년에는 개성공단의 가동이 전면 중단되면서 악화되었다.

2015년은 그런 시기였다. 한국종교인평화회의에서 금강산에서 남북 종교인 모임을 추진했다. 11월 8일 오후 2시 서울 기독교연합회관에서 기자들을 포함한 146명이 관광버스를 4대를 타고 출발했다. 나는 실무진의 일원으로 등록을 해서 이 행사에 참여했다. 8일에는 고성 금강산콘도에서 1박을 했다. 금강산콘도에서는 저녁에 국정원에서 참석자들을 대상으로 안보 교육을 했다. 북한에서 주의할 일과 해서는 안 되는 것에 대한 것이었다.

9일 아침 관광버스를 타고 금강산콘도를 출발하여 도라산역에 도착하여 출국 수속을 했다. 그리고 물품을 검사하고 우리가 외국에 나가

금강산 남북 종교인 모임 회담장에서

는 것과 같은 절차를 거쳐서 통과했다. 다시 버스에 승차하고 휴전선을 넘어 금강산으로 향했다. 나는 처음 북한에 가보는 것이다. 금강산에 도착하니 북한에서 안내원들이 나와서 여러 가지 상황에 대해 이야기했다. 처음에는 나는 상당히 경직되어 있었는데 북한 사람들을 대하니 사람 사는 세상이 모두 같다는 생각을 하게 되었다.

종교인들이 북한을 방문해서 그런지 그렇게 까다롭게 통제하지는 않았다. 박근혜 정부에서 금강산 관광이 전면 중지되어 있는 시기라 분위기가 좋지 않을 것으로 생각했는데 그렇지 않았다. 북한 안내원들과 이야기도 하고 같이 술을 마시기도 했다.

금강산에도 가고 해금강도 방문했는데 우리 관광버스를 타고 이동했다. 그리고 저녁에 만찬장에서 남북 종교인 모임을 개최했다. 주최 측에서 자리를 배치했는데 나는 남북 불교인들이 모인 자리에 배치되었다. 보문사, 해인사, 법주사 등 주지 스님들 7, 8명과 자리를 함께했다. 스님들 이야기를 들으니 전국에 25개 본사가 있다고 한다. 본인들은 행정조직으로 따지면 도지사급이라고 했다.

금강산 모임에는 남측을 대표해서 한국기독교교회협의회, 대한불교조계종, 원불교, 유교성균관, 천도교, 한국천주교, 한국민족종교협의회가 참석했다. 북측을 대표해서 조선불교도련맹, 조선그리스도교련맹, 조선카톨릭협회, 조선천도교회가 참석했다.

남북 종교인들은 평화와 통일은 위한 연합모임을 했다. 그리고 종교별 모임과 구룡연 산행 등을 통해 우의와 친목을 도모했다. 특히 민족의 화해와 단합, 평화와 통일을 위한 공동성명을 발표했다. 또한 한반도 평화와 남북 관계 개선의 새로운 국면을 열기 위한 헌신적인 노력을 다짐했다. 이렇게 2박 3일의 일정을 마치고 무사히 돌아왔다.

그리운 어머니

나는 어렸을 때부터 어머니와 유독 가깝게 지냈던 것 같다. 국민학교 다닐 때에는 얼마 동안 아버님이 계시는 충북 이월에 내려가 계셔서 떨어져 지냈다. 그래서 방학 때는 이월에 내려가 지냈던 생각이 난다.

내가 중학교에 입학할 때 수원 매산초등학교에서 서울 성동중학교에 응시했다. 나는 아무것도 모르고 어머니가 시키는 대로 했다고 생각된다. 이렇게 해서 성동중학교에 들어가게 되었다. 어머니는 아들 교육을 위해 서울로 중학교를 보내신 것 같다. 수원 집은 넷째 이모에게 맡기고 서울로 이사를 했다. 이렇게 아들을 위해 고생을 자처하신 것이라 생각한다.

서울에서 세를 들어 살며 학교를 다니다가 내가 고등학교 입학시험에 낙방하고 재수하게 되면서 다시 수원으로 돌아왔다.

내가 경희고등학교에 입학하고 기차 통학을 할 때는 새벽에 기차를 타야 했기에 일어나셔서 아침을 해서 먹이고 학교에 보내셨다.

어머니는 아버님이 돌아가시면서 우리 4남매를 위하여 희생하시면서 열심히 살아오신 분이다. 아버님이 돌아가시고 인천으로 이사를 오면서 더 고생을 하셨다. 아버님이 계실 때는 경제적인 부담은 크게 없었던 것 같다.

이러던 분이 인천 신포시장에서 옷가게를 하셨다. 그것을 정리하시고는 아모레화장품 외판원을 하셨다. 내가 대학을 졸업하고 학교에 근무하기 시작하면서 어머니가 외판원을 그만두셨다. 이렇게 어머니는 자식들을 위해 희생하고 고생을 많이 하셨다.

1996년이라고 기억된다. 60대 후반부터 어머님은 신장이 좋지 않으셔서 신장 투석을 받기 시작하셨다. 처음에는 1주일에 2번 받으시다가 나중에는 3번을 받으셨다. 그렇지만 어머니는 건강하셔서 잘 다니시고 성당에서 봉사활동을 하시기도 했다.

그러다가 1918년 겨울, 눈이 온 후에 녹지 않고 길이 미끄러울 때였다. 아파트에서 걸어가시다가 미끄러지면서 쓰러져 바닥에 주저앉으셨다. 그러면서 척추를 다치셨다. 인천성모병원에 입원하여 주저앉은 척추에 시멘트라고 하여 척추 보강제를 주입하셨다.

이런 일이 있으면서 몸이 약해지신 것 같다. 한번은 심장이 좋지 않으셔서 성모병원 응급실에 갔다. 의사는 부정맥이라고 하면서 인공판막을 해야 한다고 했다. 어머니는 안 하겠다고 하셨다. 그래서 의사와 싸우다시피 하셨다. 어머니는 나이가 80이 넘었는데 살만큼 살았으니 굳이 인공판막은 하지 않으시겠다고 하셨다.

2011년 9월 17일 몸이 좋지 않아 인천성모병원에 입원하셨다. 나는 '인천 희망의 숲'과 관련해서 몽골에 다녀오기로 약속이 되어 있었다. 그래서 병원에 들려 몽골에 다녀오겠다고 어머니에게 말씀드렸다. 어머니께서 잘 다녀오라고 하셨다.

나는 9월 18일, 3박 4일 일정으로 몽골로 출발했다. 18일 호텔에서 자고 19일 오후 일정을 진행하던 중에 아들에게 전화가 왔다. 어머니가 돌아가셨다고 한다. 갑자기 멍해졌다. 생각도 못했던 일이 발생한 것이었다. 행사를 주관했던 인천사랑운동시민협의회 이신철 사무처장이 항공편을 알아봐 주었다. 어렵게 12시경 한국으로 돌아가는 비행기표를 구했다.

인천공항에 도착하니 새벽 5시였다. 택시를 타고 계양구에 있는 새인천장례식장에 도착했다. 갑자기 돌아가셔서 어머니 임종도 보지 못한 것이 지금도 아쉽게 생각한다.

부평구에서 위원회 활동

2013년 2월 부평여자공고에 근무하면서 부평구교육경비심의위원회 심의위원으로 위촉을 받는다. 이후 2013년 8월부터 4년 동안 부평구업무평가위원회 평가위원을 했다. 2014년, 2015년에는 부평구구민상심의위원회 심의위원을 했다. 2015년 4월부터 2021년 3월까지 부평구지방보조금심의위원회 위촉을 받고 위원장을 맡았다.

2018년 2월부터 2021년 12월까지 부평구마을공동체만들기위원회 위원을 했다.

남북평화재단 경인본부에서 활동하다

남북평화재단 경인본부는 2008년 2월 22일 창립했다. 창립 목적은 우리 민족의 평화와 통일과 번영을 염원하는 사람들의 모임으로, 조국의 푸른 강토 조성에 이바지하고, 남북 교류에 힘쓰며, 남북의 평화와 교류의 이해를 돕는 교육과 실천 사업을 통하여 남북의 평화통일의 시대를 앞당기고 그 길에 기여함을 목적으로 하였다.

남북평화재단경인본부는 보수와 진보가 힘을 합하여 인천 관내에서 이념을 초월한 대북 인도적 지원 사업을 진행했다. 북한 그림 전시회, 강연회, 음악회를 통한 문화 사업으로 인천 시민이 냉전적 사고의 틀에서 벗어나 상생과 평화를 위한 인식 개선 사업을 진행하고 있다.

2008년 8월 북한 동포 겨울옷 보내기 운동을 하여 120박스, 1억 원 상당의 겨울옷을 보냈다. 11월에는 북한 대성지구 배 농장 사업을 하면서 배 묘목 5천 그루와 유기질비료 2천 포대를 전달했다. 2010년 9월에는 북한 평양산원 영유아 및 산모 지원 사업을 진행하여 분유를 해상 운송으로 보냈다.

2010년 10월 15일 인천시 비영리 민간단체로 등록했다. 2011년부터 인천시 사회단체 보조금 사업인 청소년 평화캠프, 평화지도자 아카데미, 평화기행, 평화강연회를 진행했다. 2013년에는 개신교, 불교, 천주교 3대 종단 성가대가 참여하는 종교인평화음악회를 부평구청

국회에서 열린 평화포럼

7층 대강당에서 개최했다. 이 행사에는 주안장로교회 마나하임찬양대, 흥륜사 마야합창단, 부평1동성당 까네레성가대가 참여했다.

2014년 2월에는 내가 남북평화재단경인본부 운영위원장으로 선출되었다. 2015년 11월부터는 남북평화재단경인본부 운영위원장 겸 실무를 담당하게 되었다. 사무국장이 업무를 담당했었다. 단체의 재정이 열악하다 보니 내가 직접 총무, 회계 등 업무를 담당했다. 인건비가 부족하다 보니 2016년부터 하는 사업은 내가 직접 기획하고 실행하고 관리하는 체제로 바뀌게 되었다.

종교인평화음악회는 우리 단체의 특화된 사업으로 진행하게 된다. 개신교, 불교, 천주교 3대 종단의 합창단이 평화음악회를 개최함으로써 인천의 평화를 염원하며 더 나아가 남북 평화의 기틀을 마련하고 사회통합의 가능성을 찾기 위하여 진행했다. 3대 종단 합창단이 함께 공연하는 평화의 노래를 통해 평화의 메시지를 우리 사회에 보내고 남북의 평화와 화합에 기여하고자 했다.

종교인평화음악회

내가 운영위원장이 되면서 2016년 종교인평화음악회는 인천가톨릭합창단, 흥륜사 마야합창단, 효성중앙감리교회 예루살렘찬양대가 참여하여 부평아트센터 해누리극장에서 진행했다. 이 행사를 하기 위해 천주교 인천교구 사무처장 오용호 신부를 찾아뵙고 인천가톨릭합창단의 참여를 약속받았다. 흥륜사는 주지 법륜스님과 김녹원 합창단장의 참여 약속을 받았다. 효성중앙교회는 정연수 담임목사의 협조를 얻어서 종교인평화음악회를 원활하게 진행할 수 있었다.

2017년 회복적 서클(Restorative Circle) 입문 워크숍을 실시했다. 회복적 서클은 평화와 화해 훈련인 회복적 서클 워크숍을 통하여 갈등을 분노와 비난의 원천이 아닌 성장과 치유의 기회로 바라보고자 했다. 이 워크숍은 공동체적 협력과 남북이 상호 이해를 통한 공동체의 인식과 회복을 위한 기틀을 만들기 위한 초석을 이루기 위해 기획되었다.

또한 9월에는 국회의원회관 제1세미나실에서 "준비된 통일은 축복이다"라는 평화포럼을 실시했다. 이 행사는 내가 사회를 보고 진행을 했다.

2018년 10월에는 효성중앙감리교회에서 개신교, 불교, 천주교가 참여하여 종교인평화음악회를 개최했다.

12월에는 한국, 북한, 중국, 몽골, 일본 5개국이 참여하는 2018동북아산림협력국제학술회의에 내가 참석했다. 이 행사는 중국 섬서성 서안에서 열렸다.

2019년에는 북한 나선 지역 사과나무 심기를 시작했다. 그래서 연변과학기술자협의회 이종식 소장과 협력하기로 약속을 했다. 사과나무 심기와 관련하여 나는 두 번 중국 연변을 방문했다. 또한 남포지역 학교에 과수 묘목과 온실 기증 사업을 했다. 학교들에 과수 묘목과 생물 실습을 위한 소규모 온실을 기증하는 사업이다. 교육청과 협력하여 진행했다.

2019년부터 종교인평화음악회를 인천평화음악회로 명칭을 바꿔서 개최했다. 이 행사는 내리교회 시온찬양대, 인천가톨릭합창단, 홍륜사 마야합창단이 참여했다.

2020년에는 통일부가 추진하는 광역시도 통일교육센터가 통폐합되어 경기와 인천이 하나로 합쳐지면서 아주대학교가 주관단체로 되었다. 인천에서는 남북평화재단경인본부가 협력 단체로 참여하여 7월 10일 경인통일교육센터가 출범했다. 나는 2020년 6월 15일 제22대 통일교육위원으로 위촉되었다. 그리고 인천통일교육위원회 사무국장으로 아주대학교에서 열리는 행사에 계속 참여했다.

2020년에는 코로나19 확산으로 인천평화음악회가 취소되었다.

2021년 11월에 2021 어린이 창작동요 평화음악회를 개최했다. 나는 음성동요학교와 협력하여 행사를 진행했다. 이 행사는 동요를 통하여 어린이들의 올바른 창의성과 창작 함양 및 평화에 대한 올바른 가치관과 생각을 형성하는 데 도움을 주고자 했다. 또한 어린이들에게 곱고 아름다운 평화의 꿈과 바른 심성을 가질 수 있는 환경을 조성하기 위해 어린이 창작동요 평화음악회 개최한 것이었다.

윤석열 정부가 들어서고 인천은 유정복 시장이 당선되면서 평화와 관련된 모든 사업은 인천시 보조금사업에서 제외되었다. 그러면서 남북평화재단은 모든 사업이 중단되었다. 특히 북과 관련된 사업은 정부에서 통제하여 진행할 수가 없었다.

기본소득국민운동 인천본부 상임대표로 활동하다

2020년 12월경에 이○○ 씨와 강○○ 씨가 찾아와서 계양산에 있는 찻집에서 만났다. 나에게 기본소득국민운동인천본부 상임대표를 맡으라고 하는 것이었다. 당시 경기도지사인 이재명 더불어민주당 경선 후보를 지원하는 것이다. 고민을 하다가 상임대표직을 수락했다.

몇 번의 기본소득국민운동인천본부 추진위원회 회의를 거쳐 2021년 2월 6일 기본소득국민운동인천본부 발기인대회 및 창립총회를 거행하고 상임대표로 취임했다.

그리고 3월 6일 오후 2시 기본소득국민운동인천본부 출범식을

동북아산림협력국제학술회의

인천문화예술회관 대회의장에서 진행했다. 기본소득국민운동본부는 전국 조직으로서 공역시도에 설치되었다. 6월 8일 기본소득국민운동본부 광역회의를 서울에서 열고 조직을 점검했다.

더불어민주당의 20대 대선 경선은 이재명, 이낙연, 정세균, 추미애 김두관, 박용진 등 6명이 출마했다. 이낙연 전 국무총리와 이재명 전 경기도지사가 다투는 민주당 대통령 후보 경선이었다. 나는 이낙연 후보가 대통령 후보가 돼서는 안 된다고 생각했다. 그래서 기본소득국민운동인천본부에 참여했고, 인천경선대책본부에도 공동대표로 참여했다. 또한 시민소통본부 본부장을 맡아 활동했다. 인천경선대책본부는 정일영 국회의원이 참여하여 같이 활동했다.

경선 결과 2021년 10월 10일 이재명 후보가 더불어민주당 대통령 후보로 선출되었다.

2021년 11월 14일에는 경남 봉하마을 생태공원 일원에서 기본소득국민운동본부 출범 1주년 전국기념대회가 열렸다. 이 대회는 전국 17개 광역본부가 참석했다. 나는 관광버스를 대절하여 인천본부 회원들과 같이 참가했다. 이 행사는 노무현 대통령 묘소 참배 및 화포천 습지 걷기, 비전 선포, 문화콘서트를 진행했다.

대선 조직이 꾸려지면서 12월 22일 인천기본사회위원회 출범식이 거행되었다. 나는 인천기본사회위원회 상근공동위원장을 맡아 활동했다. 또한 인천시민캠프 공동대표로도 활동했다.

그러나 대선 결과 윤석열 후보에게 근소한 차이로 낙선하게 되었다.

청천1동주민자치회에서 활동하다

2023년 11월에 계양구에서 부평구 청천1동으로 이사했다. 부평으로 이사를 오면서 그동안 계속해서 인천 지역에서 일을 해왔는데 이제는 쉬면서 나 자신을 위해 살아야 하지 않겠는가 하는 생각을 했다. 그런데 2024년부터 청천1동주민자치회 위원으로 활동을 하게 되었다. 나는 계양에서 의제 활동을 했지만 마을 활동은 따로 하지 않았다. 물론 시민사회 활동을 하면서 주민들과 함께하기도 했지만 지역에서 주민들과 직접 일을 하는 것은 처음이었다.

나는 주민자치회 복지분과에 소속되었다. 첫 번째 회의에서 분과장을 선출했는데 내가 복지분과장에 선출되었다. 분과장에 선출되면서 복지분과 사업에 대하여 논의했다. 올해 복지분과 사업은 작년에 신청한 취약계층 집수리 사업이었다.

청천1동주민자치회 복지분과가 구성되면서 기존의 복지분과 위원이 한 사람도 없었다. 모두 새로운 위원들로 구성되어 집수리사업에 대한 인식이 없었다. 나는 주민자치회에서 하는 대로 하면 되는 것으로 생각하고 시작했다. 주민 조직인 맑은내마을협동조합의 협조와 교육을 통하여 사업을 진행하는 계획이었다.

집수리사업 신청 현수막을 게시하고 행정복지센터와 통장자율회 등의 협조를 받아 신청을 받았다. 그리고 맑은내마을 마을관리소와 업무협약식을 진행했다. 집수리지원 범위는 전등, 콘센트, 수도꼭지, 문손잡이, 스위치 등이었다.

분과협의 결과 진행은 3인의 집수리 선정심의위원회를 구성하여 신청 후 대상자를 결정하기로 했다. 시공 시 그분들의 도움을 받도록 하기 위함이었다. 우선 주민들의 집수리 신청을 받았다. 나는 분과위원들과 같이 현장을 방문하여 신청 가정의 실태를 파악했다.

현장 방문 시 접수 세대의 집수리 요청이 과다하게 들어왔다. 그래서 지역 전문가의 협조를 얻어 시공 가능 여부를 판단하기로 했다. 이렇게 진행되던 집수리 사업이 여러 가지 사정으로 맑은내마을협동조합이 참여하기 어려워지게 되었다. 분과위원들은 모두 집수리와는 관련이 없는 비전문가였다. 원만하게 진행될 것 같았던 사업이 난관에 봉착하게 되었다.

또한 마을의 전문가들의 협조를 얻기가 힘들어졌다. 이런 상황이 되자 분과위원들은 사업을 포기하자는 말들을 했다. 주민자치회 회장이나 주무관은 사업을 진행할 수 없으면 차라리 사업을 반납하는 것이 나을 수도 있다고 했다. 반납해도 아무런 문제가 되지 않는다고 한다.

나는 사업 진행을 위해 여러 사람을 만나보았다. 마을의 전문가는 기술적인 도움을 줄 수는 있지만 직접 해 줄 수는 없다고 했다. 현장 시공은 기술을 배워서 하라고 했다. 나는 집수리사업에 대해 문외한이었기 때문에 어떻게 할 수 없었다. 그렇지만 사업을 포기하고 싶지는 않았다.

그러다가 전 복지분과위원장 김성권 목사를 만나 협조를 구했다. 도와주시겠다고 했다. 이렇게 해서 집수리사업을 시작했다. 시공을 하면서 방법을 배웠다. 이렇게 LED등 교체, 화장실 변기 부품 교체, 방충망 수리, 싱크대 배수관 교체, 변기 물통 연결관 교체, 누전차단기 교체 등 집수리 시공을 하게 되었다.

집수리사업을 하다 보니 재료비는 많이 들지 않았다. 큰 금액을 들이지 않고도 사업이 가능했다. 이렇게 사업을 하다 보니 전문가들만이 할 수 있는 사업을 요구하는 경우도 있었다. 그런 경우는 우리가 수리를 할 수 없었다.

집수리사업을 하며 느낀 점

마을에는 혼자 사시는 분들이 많았다. 그러다 보니 문제가 있어도 처리하지 못하고 방치했다. 집수리사업이 시작되면서 집안에 문제가 있는 것들을 고쳐 달라고 요청을 했다. 그래서 우리가 할 수 있는 것들은 대부분 요청을 들어주었다. 집수리를 하다 보니 한 집을 고치는 데도 많은 시간이 소요되었다.

집수리사업을 통하여 지역 내에서 소외된 분들의 어려움을 일부 해결해 주었다는 점에 의미가 있는 것 같다. 집수리사업이 여러 가지 어려움이 있었다. 처음에는 쉽게 생각했으나 마을의 협조를 얻지 못해

사업 자체를 반납하려고 했었다. 이런 상황을 해결하려고 지역 내의 여러분들을 만나고 대화함으로써 청천1동 지역 내 문제에 대한 현황 파악하게 되었다.

　주민자치회회장과 주무관의 적극적인 협조가 있었다. 또한 복지분과위원들의 협조와 적극적인 참여는 사업을 포기하지 않고 추진하게 된 원동력이 되었다. 직전 복지분과장이셨던 김성권 목사의 도움으로 사업을 시행하게 되고 결국은 집수리사업을 원만하게 마무리하게 되었다. 마을 안에 도움이 필요한 분들이 많이 계시다는 것을 알게 되었다. 지역 주민들을 위한 일이 한 번의 이벤트성 사업이 아니라 어려움을 공감하고, 또 필요하다면 상시적인 지원책이 있었으면 하는 아쉬움이 있다.

VI. 글을 마무리하며

이렇게 글을 쓰면서 내 인생을 전반적으로 돌아보는 계기가 되었다. 평범하고 내 자신만을 위해 살아왔던 내가 변화하는 과장을 거치게 되고 새로운 인생을 살게 되는 과정을 반추해 보았다.

나는 어릴 때 내성적이고 남 앞에 나서기 좋아하지 않았다. 그리고 과학자가 되는 것이 꿈이었던 아이였다. 우리 집안은 풍족하지는 않았지만 안정적인 생활을 유지했다.

내가 고등학교에 들어가면서 처음에는 통학을 했다. 그러다가 새벽에 집에서 출발해야 하니 힘들어서 하숙, 자취 등 생활을 하게 된다. 혼자 밖에서 지내다 보니 좋지 않은 생활을 하기도 했다. 아버님이 돌아가시면서 집안이 어려워졌다. 그때부터 방황을 하기 시작했다.

대학에 들어갈 생각이 없었는데 성균관대학교 화공과에 입학하게 되었다. 이후 1972년에 입학한 대학을 80년에 졸업하게 된다. 대학을 다니면서 무술이나 단전호흡 등에 심취하게 된다.

대학을 졸업하면서 선화여중에서 교사 생활을 시작하게 되었다. 이것이 결국은 나의 인생을 근본적으로 바꾸어놓는 계기가 되리라고는 생각도 하지 못했다. 그 당시 군부독재가 전횡을 일삼던 시대였기 때문에 대학가에서는 시위가 일상화되었던 때였다. 나는 대학 생활보다는 무술이나 산 생활에 대한 동경 등 다른 것에 신경을 쓰고 있었다. 그래서 대학 운동권하고는 전혀 관계없는 생활을 하고 있었다.

선화여중 생활은 나에게 실망과 회의를 느끼게 만들었다. 그래서 1980년 겨울방학에 교장실에 들어가 사표를 냈다. 당시 교장은 사표를 반려했다. 다른 학교에 갈 곳이 생기면 사표를 받아주겠다고 했다. 이렇게 교사 생활을 계속하게 되었다. 이것이 나의 인생의 전환점이 되리라고는 생각하지도 못했다.

1989년 2월 어느 날 교사 몇 분이 나를 찾아왔다. 교사협의회를 만들었는데 회장이 다음날 사퇴를 했다고 한다. 나에게 회장을 맡아달라고 했다. 나는 교사협의회를 만드는 것조차 모르고 있었다. 나는 교사협의회 회장에 대한 생각도 없었고 능력도 안 된다고 생각했다. 그러나 간곡한 부탁에 마음이 약한 나는 회장을 맡게 되었다. 지극히 평범한 교사 중의 하나였던 나의 삶이 180도 바뀌게 되는 계기였다.

교사협의회 회장으로 선출된 후 교장이 나나 집안 식구들을 겁주고 괴롭혔다. 나를 가만히 놔두었으면 적당히 지냈을 것이다. 그런데 이런 탄압과 협박을 받게 되면서 오히려 문제의식이 생기게 되었다. 학교와 교육 문제에 대하여 더욱 관심을 갖게 되었고 적극적으로 활동하게 되었다.

그동안 사회에 침묵해 왔고 학생들에게 무책임했던 나 자신에 대해 돌아보게 되었다. 또한 사회 민주화의 열망, 학생들의 권리 보호에 대한 현실에 눈을 뜨게 되었다. 내 인생이 송두리째 변화하게 되었다.

이렇게 시작된 것이 교육 운동, 의제 활동, 시민사회 활동 등 인천에서 정말 많은 단체나 대책위 활동을 하게 되었다. 내가 원해서 시작한 것이 아니라 주위의 상황이 그렇게 만들어지면서 나설 수밖에 없는 상황이 되곤 했다. 선인학원에서 교육 운동을 시작한 이후에는 정말 힘들고 바쁘게 살아왔다.

내 가족들에게는 미안한 생각을 가지고 있다. 가족들을 제대로 돌보지 않고 정신없이 생활해 왔다. 지난날을 생각해 보면 어떻게 그렇게 지낼 수 있었나 하는 생각도 든다. 내 개인 생활이라고는 거의 없이 지냈다.

그러나 지금까지 생활해 오면서 지난날을 후회하거나 한 적은 없다. 나에게 주어진 운명이 이럴 수밖에 없었다는 생각을 한다. 그동안 많은 분이 함께하면서 나를 도와주었다. 그것이 힘이 되어 지금의 내가 있게 되었다고 생각한다. 함께해 준 분들께 감사드린다.

이세영 연표

1953년	충북 증평 출생
1980년	성균관대학교 화학공학과 졸업
1989년	선화여자중학교 교사협의회 회장
1991년	범선인학원정상화추진위원회 공동의장
1999년	초정마을·쌍용두산아파트 2기, 3기 입주자대표회의 회장
2001년	전국교직원노동조합 인천지부 수석부지부장
2001년	사단법인 24반무예협회 경당 이사
2001년	계양의제21 추진협의회 운영위원장
2002년	공직사회 개혁 대학사회 개혁과 공무원 교수 노동기본권 쟁취를 위한 인천공동대책위원회 집행위원장
2005년	인천참여자치연대 공동대표/운영위원장
2005년	제12기, 제13기, 제17기, 제18기 민주평화통일자문회의 자문위원
2006년	제6기 인천의제21실천협의회 감사
2008년	계양산 반딧불이 축제 조직위원장
2008년	계양의제21 실천협의회 비상대책위원장
2010년	인천광역시기초의제협의회 회장
2011년	사)인천민주화운동 계승사업회 이사
2011년	계양산 보전을 위한 한평사기운동본부 상임대표
2013년	인천시민연대 지도위원
2013년	인천광역시 계양산보호위원회 부위원장

2014년   남북평화재단경인본부 공동대표/운영위원장
2015년   부평구지방보조금심의위원회 위원장
2015년   인터넷신문 「인천in」 이사
2019년   인천햇빛발전협동조합 부이사장
2021년   기본소득국민운동인천본부 상임대표
2021년   이재명대통령후보 경선대책위 인천경선대책본부 공동본부장
2022년   인천광역시당 선거대책위원회 기본사회위원회 상근공동위원장

2부

이렇게
살아왔습니다

강태욱

출생과 어린 시절

내 출생지는 경남 사천시이다. 6남매 중 늦둥이 막내다. 어머니가 날 마흔둘에 낳으셨다고 하며, 큰누나가 시집가서 외손녀가 돌이 지났는데 뒤늦게 자식을 낳게 되어 동네고 친척한테고 창피스러운 일이라 여겼다고 한다.

아버지와 어머니는 1910년대 생으로 아버지가 세 살 위였다. 아버지는 일제 시대 사천에서 어릴 적부터 수재로 소문이 나서 당시 소학교를 마치자, 할아버지가 부농 집안이어서 서울로 유학시켜 보성전문(현 고려대학)을 나왔다. 어머니는 원고향은 강원도 원주인데 외할머니가 (역시 원주 부농) 자식들 공부시키고자 서울에 집을 사서 살던 중에 아버지가 이 집에서 하숙을 하였다고 한다. 당시 어머니는 서울여상에 재학 중이었고, 여상 정구부 선수였다. 정구채를 들고 찍은 사진도 유품 중 하나로 큰형 댁에 남아 있는 것을 본 적이 있다. 이 시기 하숙집 주인인 외할머니가 아버지를 잘 보아 큰딸인 어머니를 떠밀다시피 하여 결혼을 시켰다고 한다. 어머니는 여상 졸업 후 신여성으로서 새로이 사회활동을 생각하였는데 졸업하자마자 이른 결혼에 거부감이 컸다고 한다.

아버지는 전문학교 졸업 후 서울의 일본계 회사에 입사하여 몇 년 후엔 중국 지사로 발령이 나서 어린 큰누나, 둘째 누나를 데리고 인천에서 배를 타서 상해에 도착, 다시 배를 갈아타고 강을 거슬러 올라가 당시 한구(지금의 우한-코로나 발생지)에서 자리를 잡게 되었다. 생전의 어머니 말로는 배를 타고 상해로 몇 날 며칠을 가는데 뱃멀미로 며칠을 아무것도 못 먹고 너무 고생하셨다고 했다.

한구(우한)에서 큰누나는 중학교까지 둘째 누나는 소학교까지 그리고 큰형과 셋째 누나가 태어나 자라면서 1944년 해방 전까지 살았다고 한다. 귀국한 계기는 현지 일본 회사 중역 회의 석상에서 아버지의 발언이 일본인 임원들의 귀에 거슬려서(민감한 미일, 중일 전쟁 시기에)였다고 한다. 귀국 시에는 어머니의 심한 배 멀미 경험으로 인해 기차를 타고 압록강을 건너 경성으로 왔다고 했다. 귀국 길, 몇 날 며칠을 가도 기차 창밖으로 산이라곤 안 보이고 넓디넓은 만주 벌판만이 보였다면서 중국이 그렇게 큰 나라인지를 그때 알게 되었다고 하셨다.

서울로 들어와서는 외할머니가 집을 사줄 테니 여기서 살도록 제안받았으나 아버지는 8남매의 3남이었으나 위로 형 둘이 술로 세상을 떠나 장남이 되었기에 사천으로 내려가 부모님을 보살펴야 한다며 고향으로 내려왔고, 6.25 전쟁 직후 내가 출생하였다.

내가 사천에서 보낸 꼬맹이 시절에 대한 기억은 가물가물할 뿐이다. 아버지와 형들 따라 방파제 등으로 바다낚시에 따라가서 작은 대나무 낚싯대로 볼락, 놀래미 소자도 낚았던 기억이 난다.

아버지는 60년대 초에 지역의 사학 고교에서 교감으로 계셨다. 그런데 재단 분규 과정에서 정말 부당하게 해임을 당하셨다. 지금 같았으면 변호사를 통해 법적 대응도 했을 사안이었는데 그 시대엔 어려웠을 테고, 또 아버지의 성향이 따지고 지역에서 분란을 일으킬 성품도 아니었다. 그때부터 시집간 누님들을 제외하고 다섯 식구의 삶이 당장 막히고 어려워졌다. 어쩔 수 없이 막내인 나는 어머니 손에 이끌려 서울 외할머니 댁으로 올라와 초·중·고를 서울에서 다녔다.

아버지는 그 당시 학교에서 나오게 되니 쉬게 되고, 사천의 형수와 조카들만 있는 큰아버지 댁에서 지내며 근 3년간 농사일도 도우다가 근무하시던 학교로 어렵사리 복직하셨다. 학교 재단 분규가 수습되고 이사진이 바뀌어 다시 근무하시게 되었다가 10여 년 후 정년 퇴임을 하셨다.

나는 사천에서 초등 2학년을 마치고 어머니 손을 잡고 난생처음 부산으로 가는 연락선을 타게 되었다. 그곳 큰 누나 집에서 얼마간 머물다가 경부선 증기 기관 열차를 타고 서울역에 도착, 신촌 외할머니 댁에 오게 되었다. 그곳은 연세대학교 사택이었는데 외삼촌이 당시 연세대 교수로 있었다. 외삼촌은 연희전문을 나오고 당시는 정말 드물게 50년대 중반 미국 유학을 가서 물리학 박사학위를 마치고 온 지 얼마 안 된 시기였다. 외할머니 말로는 외삼촌이 있는 미국으로 유학 비용을 부치려고 은행에 갈 때마다 돈을 자루에 담아가서 꺼내면 은행에서 놀라곤 하였다고 한다.

외할머니 댁에서 난생처음 텔레비전을 보았다. 외삼촌이 미국서 돌아오며 외할머니 보시라고 미제 TV를 사왔던 것이다. 당시 KBS에서 TV프로를 송출한 지 얼마 안 된 시기였고, 물론 흑백 화면이었다. 하지만 처음 보는 어린 나로서는 너무 재미가 있었고 주로 미국 드라마나 영화가 우리말로 나오는 것도 당시로선 그저 신기할 뿐이었다.

외삼촌은 새로이 집을 사서 신촌 로터리 부근에 가정을 꾸렸고, 사택에는 외할머니가 거주하는 상태였다. 외삼촌은 교수로 있다가 원자력연구소 소장, 그 후 초대 국방과학연구소 소장을 역임했다.

서부 경남 사천에서 서울로 올라온 촌뜨기였지만(초등 시절 별명

'까투리', 경상도 사투리를 써서) 전학을 온 나는 학급에서 공부로는 반 친구들 70명 중 최상위였다. 4학년 때는 서울시 전체에서 동일한 문제로 치른 요즈음 말하는 일제고사에서 6개 반이 있었던 학년 전체에서 1등을 한 기억이 난다. 서울 소재 중학교로 진학하여서도 학급에서 1등도 하고, 중3까지 60명 반에서 5등 아래로 내려간 적이 없었다.

문제는 고등학교 올라가서였다. 중·고교가 같은 울타리 안에 있었던 연유도 되고 하여 상업계 고교로 진학하였더니 도저히 적성에 맞지 않았다. 신촌에서 함께 공부하고 뒹굴며 놀았던 초등 동창들을 중·고교 시절에도 간혹 만나곤 했다. 그 친구들은 경기고, 경복고 등 소위 일류 고에서 지금의 스카이 대학 진학 준비를 했다. 하지만 나는 허구한 날 주판을 만지고 상업이나 회계·부기 책을 펴고 책상에 앉아서 들여다봐야 하는 것에 회의를 느꼈다. 그래서 학교 수업, 공부는 점점 등한시하게 되고, 고1부터 삼류 극장에 영화 보러 가기, 학교 도서관에 가서 여러 책을 대출해 독서 하기에 또 문학 서적을 자주 읽으면서 이상만 높아져 있는 감성적 청소년이 되어갔다.

청소년 시절

이상적이고 감성적이었던 10대 후반, 건들면 터지는 청소년기였다. 그 무렵 박정희의 장기 집권 획책과 김신조와 북의 무장 공비가 청와대를 습격, 대통령 목 따려고 남파된 사건이 도화선이 되어 고등학교부터 교련 과목이 정규 교과목이 되었다. 교련 시간이 든 날은 학교

가기가 정말 싫었다. 대위 계급장을 단 군인 복장의 세 명이 교사랍시고 학교 교문에서 아침부터 규율을 잡았고, 교실이나 복도에서 걸리면 군대식 기합과 폭행을 가하였다. 학교가 마치 군대 같았다. 그런 것을 보고 또 직접 당하기까지 하다 보니 적개심마저 들었다.

다니던 고등학교를 자퇴하고 대입 검정고시나 볼까 하는 생각도 여러 차례 하고선 어머니, 아버지께 말씀드렸으나 일언지하에 거절당했다. 학교는 출석 정도나 하여 졸업장이나 받아 나온다는 생각을 고2부터 가졌으니 학창 시절이 무슨 발전이 있었고 제대로 돌아갔겠는가?

박근혜 대통령이 촛불혁명으로 탄핵당하고 수의를 입었을 무렵 옛 고교 시절을 회상하며 오래전 카페에 글을 올린 게 있어 여기에 소개한다.

소제목은 "나는 박정희가 싫어요"였다

나는 박정희가 싫어요

나는 박근혜의 아버지 박통이 3선 개헌하고 유신으로 종신 집권을 하려던 시절의 한가운데서 고등학교 3년을 보냈는데 그때부터 인생 출발이 순탄치가 않아 지금에 이른 것 같다.

김신조 일행의 청와대 습격 미수 사태가 벌어진 뒤 전국 고교에 교련이 시행되었다. 모교에서도 세 명의 교관이 왔는데 전원 대위 계급장에 녹색 군복을 입고서 근무를 했다. 교련 시간은 물론 여타 학교 내 생활에서 그들로부터 욕설, 폭언과 기합에 구타가 가해지는 가운데 하루하루를 넘겼으니 학교 가는 게 거의 고문에 가까웠다. 지금처럼 대안학교라도 있는 시절이었으면 당장 학교를 포기했을 터인데 그러지도 못하고… 만 3년 학창 시절을 짓눌려 산 것이다.

설상가상으로 최악질 교련 교관이 고 2학년 2학기에 무슨 연유였는지 1학기 담임은 타 학년으로 가고, 이 자가 우리 반 담임이 되어 아침저녁으로…. 학교 생활은 이때부터 더 망가졌다. 하루는 방과 후 청소를 끝내고 점검을 받으려고 교실 복도에 신병들처럼 일렬로 서 있었는데 교련 교관 담임이 청소 흠을 잡더니 뺨이고 가슴팍이고를 내리치면서 나중에는 군홧발로 내 정강이에 '쪼인타'를 놓았다. 그걸 피하려다 잘못 비켜 맞아 발목이 부어 몇 주를 고생하며 절며 걸어 다녔던 기억이 난다. 지금도 그 부분을 만지면 뼈가 약간 불거져 나온 것을 느낄 수 있다.

70년대만 해도 지금과는 사뭇 다른 관점의 학교나 교사(스승)라는 게 있어 군사교육 교관도 무늬라도 선생이었던지라 이건 어찌할 수도 없었고… 영화 〈말죽거리 잔혹사〉를 보고서 내 어두웠던 고등학교 시절―특히 학생들이 교련 교사들로부터 구타 당하는 장면을 보고서― 그대로 반추되는 것 같았다.

20세기 중반을 넘어서 현시대에 박, 전, 친구인 노통 그리고 그 이전 이승만 할아버지까지 이 나라는 어찌 된 것이, 이런 부류의 한 사람을 위하여 그 휘하에 손 비비며 머리 조아리고 빌붙어 먹는 몇십, 몇백 권력의 하수인들을 위하여 수천만 민중이 눈치 보고, 당하고,

분개하고, 눈물 흘리고, 한숨 쉬고 했어야만 했는가? 나 같은 지극히 평범한 시민까지도…. 이 점 우리 모두 깊이 생각하고 반성해 보아야 한다.

하기야 21세기도 20년이 훌쩍 지난 지금 시대에 국민 손으로 뽑았다는 대통령과 그의 부인이 전두환 일당과 박근혜 문고리들과 다름없는 자들의 내란에 의한 국헌 유린과 국정 혼란을 가져와서 나라가 위기의 나락으로 빠져들었다. 하지만 우리 위대한 시민들이 맨몸으로 맞서고, '빛의 등불'을 거리에서 들고 일 떠 일어나 흔들며 저항했다. 마침내는 구시대로 가고자 하는 그들을 제거하여 새로운 시대로 나가고 있으니 그나마 희망적이라 할 수 있다.

고등학교를 졸업하고 청년 시절을 되돌아보며

고등학교 졸업하던 해 서울 소재 모 대학에 원서를 넣어 시험을 보았다. 하지만 나로선 시험은 요식행위였고, 합격자 발표도 보러 가지 않았다. 가정형편이 대학 진학을 꿈꿀 상황이 아니었기 때문이었다. 고교 시절 어머니가 암으로 2년 넘게 병중에 계셨으니 집안 경제가 말이 아니었다. 지금엔 의료보험 제도에 저소득층 중증 환자에게 의료복지제도도 있다지만, 그 시절엔 100퍼센트 자비 부담 치료였다.

어머니는 내가 고등학교 졸업했던 그해 봄 장기 입원 후 퇴원하셨다.

그리고 병 요양차 아버지가 계신 사천으로 나와 함께 내려가게 되었다. 하지만 그곳에서 두어 달이 못 되어 환갑의 연세에 세상을 뜨셨다. 나는 아버지와 함께 사천에 남게 되었는데 재수라고는 할 수 없지만 대입 공부를 틈틈이 했고, 늦가을에는 서울 누나 집에 임시로 올라와 학원에서 부족한 단과 과목 두세 개 정도만 수강했다. 그러면서 독서실에서 말 그대로 벼락치기 대입 공부를 했다. 하지만 아버지는 수년간 어머니 치료비를 대시느라 빚까지 지고 계신 형편이었고, 그나마 얼마라도 벌이가 있던 형조차도 3년 만기 군에 막 입대한 상황이었다.

서울 지역 대학은 포기하고, 경남 소재 등록금 최저 수준인 사범계열 대학에 들어가 학업을 마치고 교직에 발을 디뎠다.

1970, 80년대 지방 도시 소규모 학교는 교장이 바로 황제요, 교육 현장은 너무나 후진적이었다. 고교 시절과 마찬가지로 이젠 교사로서 적응을 제대로 못 하고 수년을 지냈다. 그러다 1988~1989년도 전교조 태동기에 부산 근교 학교에 근무하며 분연히 떨쳐 일어났다. 주변의 동기생이고 선후배 교사들에게 전교조 가입을 권유하는 회합도 여러 차례 가졌다. 당연히 지역 관할 교육청에 포착되었고 문제 교사로 낙인찍히게 되었다. 우선 학교장을 통해 나를 압박해 왔다. 하루는 아침에 출근하여 교무실에 들어가니 내 책상 자물쇠가 열려 있고, 서랍 안이 어지럽혀져 있었다. 교직원 조회 시간 이를 터뜨렸다.

"어떤 새끼가 들어와서 함부로 내 책상 서랍을 열었는가?" 하고 강하게 발언을 했다(물론 교육청의 장학사가 어제 야간에 와서 열었다는 걸 아침 출근 시 당시 소사 아저씨가 귀띔을 해주어 알고 있었다). 당시 교장하고 전교조 대책 담당 장학사와는 대학 동기요 친구 사이였다. 교장이 장학사를 감싸며 큰소리로 나에 대해서 "강 선생은 교직에 무슨 원한이 있는가? 그냥 남들처럼 두루뭉술 넘어가고 하면 될 터인데. 내 입장도 고려해 주어야 하지 않은가. 사람이 왜 그렇게 외곬 진가?" 하면서 조언 아닌 조언에 힐난을 하였다. 나 역시 반발로 전 직원이 자리에서 막가파식으로 "저도 이 직에 10년 정도 되었지만, 교육 현장이 이렇게 가서는 안 되겠기에 나서고 있는 겁니다"라고 고함을 질렀다. 그러기를 10여 분, 그 일 이후로 나는 학교에서뿐 아니라 교육청에서 완전히 요주의 교사가 되었다.

부산 근교 지역에서 더 근무한다고 해봐야 이듬해 3월 신학기에는 보복성 인사로 깡촌이나 섬으로 좌천될 것은 기정사실이었다. 아니면 교직을 걸고 관내에서 전교조 활동을 독불장군식으로 해내야 했다. 고민은 길지 않았다. 박통과 전 씨의 독재와 군부 정권 아래서 교직이라는 것에 회의도 많이 들었고, 수구적 구태 교육 관료들에게 당하고 밀리느니 내가 떠나는 게 배짱에 맞는 거 같았다.

부산 근교에 근무하던 80년대 초는 교육 현장뿐만 아니라 공직사회가 살벌하기 그지없었다. 바로 전두환이 장충체육관에서 곧바로 청와대에 들어가 앉을 때부터였다. 전 씨가 자기 살길을 찾아 유지하려고 묘책을 내어 88년 서울올림픽 유치에 성공하자 대한민국은 말 그대로 스포츠 공화국이 되어버렸다. 그즈음부터 연일 오는 공문들이 88년 올림픽과 86년 아시안게임 대비하는 교육과 홍보에 관련한 것들이었다. 특히 전국소년체전과 전국체전을 준비함에 소홀하지 말며 선수 육성에 힘쓰라는 공문도 많아 체육 교사들이 심하게 투덜거릴 정도로 업무 강도가 높았던 것이다.

그 와중에 나는 나름대로 틈새시장을 노렸다. 틈틈이 공부해 오고 있었던 영어를 활용하여 86아시안게임, 88올림픽 통역 자원봉사자에 응모하였다. 사전 서류심사와 영어 시험에 면접까지 거쳐서 최종 선발이 되었다. 86아시안게임 통역은 서울과 수도권에서 경기가 대다수 열리다 보니 부산에서 개최되는 경기가 거의 없었고, 당시 교장이 "나는 왕이로소이다"의 스타일이어서 내가 수업을 빼먹으면서까지 통역 봉사를 나가는 것을 막았다.

2년 후 봄, 교장도 그렇고 그래서 다른 학교로 옮겨가서 그해 초가을 88올림픽 통역 봉사 요원으로 근 2주 넘게 활동하였다. 지금도 그 당시 입었던 상의는 초록색, 하의는 회색 바지의 정장형 유니폼과 넥타이를 옷장에 기념으로 걸어 두고 있다.

당시 나는 부산체육회 산하의 시 축구협회 소속 통역 봉사자로 선정이 되었다. 당시 부산에서 축구 경기가 열리는 독일(서독), 호주, 소련(현 러시아), 한국팀까지 통역 안내를 하였다. 한국팀 감독은 김정남 그리고 주전 선수는 최순호, 최강희 선수였다.

소련은 당시 공산주의 국가였고 한국 조직위 측에서 신경을 많이 써서 부산 기업에서 소련 축구팀 선수와 스태프에게 축구화, 신발, 훈련복 등 스포츠용품을 선물 형태로 기증하였다. 내가 물품 전달을 함께하면서 느꼈던 바는 소련에 태어나 살면서 돈을 주고 사는 것보다는 배급제 등으로 거저 받는 게 너무 익숙해서인지 선물로 받으면서도 별로 고마워하는 기색도 없었다. 되레 무얼 더 받을 게 없는가 하는 인상이 그들로부터 풍겨왔다.

경기를 마치고 숙소로 돌아오자, 소련팀 한 선수가 내게 와서는 서툰 영어로 국산 신발 두 켤레만 더 줄 수 없는가? 묻고선 자기 신발 사이즈까지 적어서 내게 주었다. 내 직 소관은 아니었지만 협회 측 사무실로 가서 자초지종 얘기를 했다. 그곳 사무실에 비치된 수출용(당시 부산은 신발 수출 메카) 한 켤레만 인수를 받아서 그 선수에게 전해주었더니 고맙다며 내게 소련 기념 배지 몇 개를 주며 악수를 청했던 기억이 난다.

호주팀 인솔 시에는 버스 안의 내 옆좌석에 앉아서 여러 이야기 나누었던 주전 선수가 집이 멜버른이라며 호주 오게 되면 연락하라고 전화번호를 적어주고 떠났다. 내가 호주 멜버른에 도착하여 몇 주 지나 위 선수에 전화 연락하였더니 집보단 식당에서 만나서 저녁 사겠다고 하여 차이나타운 식당으로 갔더니 부부가 함께 나왔다. 그 후 한두 번 전화하였더니 부인이 받고서는 타 도시로 소속팀 경기 출전차 가서 부재중이라 했다. 당시 호주에는 세미 프로 같은 사커 리그가 있었다. 그 후론 나도 주경야독으로 생활에 쫓기고 하다가 보니 서로 간 연락이 소원해졌다.

교사로 근무하며 수년간 틈틈이 영어 공부를 했고, 토플 점수도 상위권은 되어 '에라' 하며 사직서를 내고 호주로 떠났다. 그곳에서 3년간 낮에는 학업을 오후나 밤과 주말에는 공장이나 숍에서 일했다. 말 그대로 주경야독이었다. 교직에는 10년 좀 넘게, 정년 퇴임까지에 비하면 짧다면 짧은 기간을 몸담았었지만 내가 싫어하고 피하고 싶은 것은 교무실과 학교 관리자 그리고 교육청 장학사들이었다. 나름대로 교실과 학생들에겐 성의를 다했다고 말하고 싶다. 80년대 후반 교육감 상과 당시 문교부 장관 표창도 수상했다. 더하여 86아시안게임, 88서울올림픽 통역 자원봉사자로 몇 주간씩 활동했다.

1970, 80년대에 비교해 지금은 학교 시설이나 교사 근무 환경이 장족의 발전을 했다. 하지만 현 교육 현장을 바라보면서 페북에 다음의 글을 써서 소회를 밝힌 적이 있다.

학교 교육 현장이 예전과 같지 않다고 하여

꽤 오래전부터 교실이, 학교가 죽었다고 한다. 그 원인이 누구에게 있겠는가? 대다수는 학교 교사들 책임이라고 하지만 그게 전부는 아니라고 본다.

학생들의 수업권과 인권을 주장하면서는 학교에서 당연히 해야 하는 교사의 교육권, 훈육권을 무시하고 제대로 활용하지 못하고 이를 외면, 방기하였기 때문이라고 본다. 또한 교육 현장을 좌지우지했던 행정가들이 직무 유기를 했다고 본다. 그런 탓 인지 이제 10대 초·중반 아이들이 들판에 풀어놓은 말처럼 학교에서나 지역에서 날뛰게 된 것이다. 심지어 유튜브 등 영상 매체를 폰으로 마음껏 보는 시대이다 보니 극우화 이념이 학생들에게 무비판적으로 스며들게까지 되었다고 한다.

또 지금 세대의 학부모들은 자식이 한둘 정도뿐이다 보니 "어유 내 새끼"에, 소중하다며 학교를 또 아이를 가르치는 일을 하는 교사를 우습게 여기다가 세상이 이 지경까지 이르렀다.

교사들, 교감, 교장은 벗어난 학생들의 학부모가 학교로 전화를 하고 찾아온다고 피하지 말 것을 권고한다. 밥줄 걸고 부딪쳐서 그들과 싸워서라도 시험지 점수만 중시하는 교육에서 탈피하기를 바란다. 그깟 교사 자리 그만둔다고 굶어 죽겠는가?

그렇지 않고 살아있는 게 바로 나이다.

내 이웃집 10대 중반 아이, 그게 학생인지 양아치인지 대체 구분이 안 된다. 손자 귀엽다고 할아버지가 "오냐, 오냐" 하다가 손자가 할아버지 무르팍에 올라가 수염을 끄집어 당긴다는 얘기도 다시금 생각해 보는 지혜로움이 필요하다.

소위 진보 교육감은 체벌을 전면 금지하고 학생인권조례를 유지한다는데, 그 전에 죽은 교실, 개판된 공교육 현장 그리고 묻지마, 막가파식 학생들을 바르게 이끌고 살려내는 일에 먼저 나서야 한다. 교수하던 학자가 이론만 가지고 교육 행정을 한다? 조금은 우려스럽게 보인다. 교육 이론서나 책대로 교육이 되고 사람 키우는 일이 된다면 세상은 이미 지상낙원이 되었을 것이다. 하지만 학생들의 문제를 단지 그들만의 문제로 치부해서는 안 될 것이다. 학부모, 학교 현장 교육 과정과 교육정책 그리고 우리 사회 전반의 문제라고 보아야 할 것이다.

얼마 전 EBS에서 중앙대 김누리 교수의 강연을 요약한다. 김 교수가 우리 교육의 문제점을 제시한 것을 간과해서는 아니 되리라 본다.

김누리 교수는 교육학자가 아닌 독일 문학 전공자이지만, 독일 사회의 교육 현실을 경험하면서 한국 교육의 문제를 강하게 체감했다고 한다. 독일 아이들이 행복하게 자라는 모습과 달리, 한국 아이들은 세계에서 가장 불행하다는 평가를 받는다는 것이다. 실제로 한국 청소년은 자살 충동을 일상적으로 겪으며, 평범한 학생 3명 중 1명이 자살을 생각할 정도라고 지적한다. 지난 10년 사이 10대 자살률이 크게 늘었다는 질병관리청의 통계가 있다. 전체 인구의 자해·자살 시도가 10년 전에 비해 3.6배 늘었는데, 그중 10~20대 비율이 40프로에 달하고, 특히 10대의 자해·자살 증가세가 가장 가파르다고 한다.

우리는 그 이유가 무엇인지 잘 안다. '교육=입시 경쟁' 등식이 공고해진 현실이기 때문이다. 아이들에게 저마다의 가치와 개성, 창의적 역량을 이끌어 내는 교육이 필요하지만, 그 이전에 우선 "아이들이 죽지 않고 살아 있어야 하지 않는가"에 그 누가 반문을 할 수 있을 것인가?

국제 학업 성취도 평가(PISA)에서 한국이 높은 성적을 거두자, 독일과 프랑스 언론은 한국 교육을 집중 취재를 했지만, 그 결론은 "세계에서 가장 경쟁적이고 고통스러운 교육"이었다고 했다. 독일 공영방송은 한국 교육을 보고 '교육 방송'이 아니라 '인권 유린' 사례 프로로 다뤘으며, 특히 수능시험과 장시간 학습 노동을 아동 학대 수준으로 규정했다.

이처럼 극심한 경쟁과 압박은 아이들의 인성을 파괴하고, 성숙한 민주주의자나 존엄한 인간을 길러내지 못한다. 한국 여성들이 출산을 기피하는 이유 또한 "이 지옥 같은 교육 현실에 아이를 던질 수 없다"는 절망감에서 비롯된 것이라고 전한다.

김 교수는 한국 교육의 뿌리가 식민지 시절 황국 신민 양성, 독재 시절 산업 전사 양성, 민주 정부 이후 인적 자원 양성으로 이어졌다고 설명한다. 모두 인간을 존엄한 존재가 아니라 자본의 부품, 기능적 자원으로 취급해 온 과정이었다는 것이다.

그는 지난 100년간 한국 교육의 일관된 원리를 '능력주의'로 규정하며, 이제는 이를 극복해야 한다고 주장한다. 한국 사회가 진정한 전환을 이루려면 경쟁과 능력 중심의 교육에서 벗어나, 인간의 존엄을 존중하는 '존엄주의 교육'으로 나아가야 한다고 강조한다.

최근에 국가교육위원회 수장이 이런저런 구설수로 3년 임기를 한 달 앞두고 물러나 잠적하는 것을 보았다. 그가 첫 임기 3년 동안 이 국가 기관의 존재 이유를 보여주었는지 의문이 든다. 과연 무슨 교육정책과 비전을 제시했는가를 묻고 싶다. 막대한 국고를 쓴 장관급 기관장으로서 말이다. 결국 교육이 정치에 휘둘려서, 또 단기 권력에 충성하며 자리보전이나 하다가 국가백년대계를 그르치는 한심하고 안타까운 현실에 분노보단 한심함과 서글픔이 느껴졌다.

새 정부는 비록 늦었지만 우리의 교육이 미래 세대가 제대로 서서 앞으로 나아갈 수 있는 일관된 정책을 펼쳐 주길 바란다.

해외에서 활동을 하다

호주로 가서 3년을 지내니 학비도 체류 경비도 바닥을 보였다. 귀국하여 교직으로 돌아가라는 건 한 번 떠난 이상 당시로선 불가능할 뿐 아니라 그러기도 싫었다. 그곳 현지에서 알게 되었고, 나를 교회로 이끈 사회 후배와 한인교회 목사의 안내와 소개로 호주에서 유럽으로 직행을 하기로 결정했다.

호주 멜버른에서 출발하여 꼬박 하루 24시간을 넘게 비행기에 몸을 싣고 런던 공항에 도착했다. 런던의 우중충한 날씨만큼 여러 우여곡절과 어려움을 겪으며 두세 달을 지냈다. 그런 후 스페인 바르셀로나 올림픽 기간 한 달, 이어 스페인 남부 도시에서 열린 세비아엑스포 기간 중에 방문하여 1주 그리고 파리로 들어가 몇 주를 지냈다. 그러던 중 파리 한인교회 소개로 만나게 된 베를린 교민 사업가와 이런저런 의견을 나누고선, 그의 국제 유통 사업에 합류하기로 했다. 유럽의 웬만한 규모의 도시에는 매년 열리는 지역 박람회(코엑스나 킨텍스 같은 시설에서 7~10일 간씩 행사)에 중규모의 한국관 전시 매장을 임대하여 인삼, 여성용 장신구, 민속품 등을 도·소매하는 일을 근 4년간 함께했다.

그 일 하면서 벌이가 적지는 않았다. 하지만 고물가의 유럽인 프랑스, 독일, 스위스, 이탈리아 등지로 상품을 가지고 이동해야 하는 비용, 고액의 전시회장 임대료, 중·저급 호텔이라도 숙박비, 행사 기간 한국관에서 단기 근무하는 현지인들 인건비 등 지출이 너무 커 1년 지나서 보면 손에 쥐는 게 별로 없었다. 게다가 3~4년을 해보니 더 성장의 기미는 안 보이고 다람쥐 쳇바퀴 돌 듯하는 생활에 매년 몸과 마음이 지쳐가는 상태였다. 시간과 에너지를 투여해도 현상 유지 정도로만 진행하게 되어 수년간의 유럽 생활을 접고 90년대 후반 귀국하였다.

나름 긴 해외 생활, 그중 5년 넘게 했던 유럽 생활을 되돌아보면 그나마 보람된 일도 있다. 프랑스를 기점으로 주변국에서 한국에서 온 입양인 청년들을 여러 명 만나고 또 각 도시에서 열리는 지역 엑스포의 한국관에서 함께 일하며 나눈 대화를 통해 그들의 깊은 아픔에 공감할 수 있었다. 프랑스 파리에서 합류한 20대의 한인 입양인 김(우리는 프랑스식으로 무슈(미스터) 킴이라 불렀다)은 우리와 붙박이로 엑스포장에서 일하였다. 불문과 전공 한인 유학생이 파리와 리옹 한국관에서 알바 형태로 함께 일을 했었다. 어느 날 그녀와 사귄다고 김이 우리에게 얘기했다. 이듬해 봄 파리 엑스포 한국관에 같이 와서 일했는데 둘이 한집에서 동거한다고 했다. 나로서는 아무리 해외에서의 생활이지만 (당시 여학생 아버지는 중남미 모 국가의 한국 대사직인데), 둘이 너무 앞서가는 남녀관계이고 생활 방식이 아닌가 하는 생각이 들었다.

프랑스와 바로 접경을 이루는 스위스 큰 도시가 제네바이며 불어권 지역이다. 우리 팀이 대형 밴에 상품을 싣고 엑스포 준비차 이 도시로 가는 도중 밤중에 프랑스 쪽 접경지에 있는 소도시에 있는 카지노에 들렀다. 나는 당시 한화로 20만 원 상당의 머신용 코인을 구입했다. 통에 담은 이 코인을 들고 이 머신 저 머신으로 옮겨 가며 코인을 집어넣고 당기는 중 갑자기 벨이 울리며 머신 상단부에 '777'이 눈앞에 보였다. 동시에 코인이 수없이 쏟아져 내려왔다. 종업원이 축하한다며 와인을 한 잔 서비스로 가져다주었다. 아래로 나온 코인을 큰 통에 담아 환전을 하니 한화로 300만 원이 넘었다. 카지노 여종업원 몇 사람에게 나누어 가지라고 팁으로 몇십만 원을 주었더니 불어로 '멜시 보쿠'(대단히 감사)를 연발하였다.

그날 밤은 이 도시에서 묵었는데 호텔 사장에게 카지노에서 일어난 내 '777' 얘기를 해주었더니 그 카지노 소유주가 한국에서도 유명했던 배우 '알랑 들롱'이라고 하였다. 그는 간간이 카지노를 방문하러 이 도시에 온다고 하였다. 제네바에 낮에 도착하여 점심을 고급 식당으로 가서 일행에게 크게 쏜 기억이 있다. 난 그렇게 쓰고 남은 돈으로 타 도시에서 열리는 엑스포 현장 일을 마치면 야밤에 카지노에 갔다. 기십만 원 정도를 코인으로 바꾸어 타국에서 시간 죽이기 놀이를 카지노 머신으로 하였다. 근 반년 넘게 카지노 놀이를 한 결과 '777'으로 땄던 돈이 다 사라지고 본전이 된 즈음에 '이제는 그만하자'로 귀결, 이후론 발길을 끊었다.

프랑스 기점 유럽 생활 2년 차 후반기부터는 파리 한인교회와 연대하여(적지만 재정 지원도 해 가며) 입양인들 간의 모임과 소통의 장이 되는 기초를 만들었다. 그 모임이 동인이 되어 지금의 유럽 한국입양인 네트워크로 발전하는 바탕이 되었던 것으로 안다.

이 같은 일을 하던 중에 기억에 남는 일도 있다. 1990년대 초 『수잔 브링크의 아리랑』이라는 책과 영화로 국내에 알려진 스웨덴 한인 입양인과 미혼모인 그녀의 어린 딸을 파리로 초빙하였다. 프랑스 내 입양 청년들 10여 명과 현지 콘도에서 3일간 함께 숙식하고 각자의 삶의 여러 경험과 아픔까지 나누고 또 교제하는 장을 마련했었던 일이다. 귀국하여 몇 년 후, 수잔 브링크가 암으로 사망했다는 짤막한 기사를 보고 선 마음이 아팠다. 당시 파리에 왔던 그녀 딸은 부모 없이 10대에 홀로되고, 이제는 40을 바라보는 장년에 이르는 나이가 되었을 것이다.

먹거리에 대한 작은 추억

나는 라면을 그다지 즐기는 편이 아니다. 더하여 서구권 해외 생활을 나름 여러 해 하였지만 햄버거, 피자, 핫도그 같은 먹거리는 좀체, 아니 거의 안 먹는다고 보면 된다. 그나마 치킨류는 간혹 입에 대지마는….

지금도 TV를 통해서 라면 광고를 보게 되거나, 식당에서 부대찌개 시켜서 함께들 먹으며 라면 사리를 추가할 때 간혹 생각나는 게 몇 가지 있다.

내게 첫 라면은 초등학생 시절 큰 형이 동네 구멍가게에서 비닐봉지에 닭 머리가 그려진 라면을 사와 연탄불에 끓여주어 먹은 것이었다. 그날 신묘했던 어릴 적 첫 라면 맛이 노인이 다 된 내 입에 아직도 남아 있는 듯하다.

고3 시절, 정규 수업 종료 후에도 교실에 여럿이 남아 각자 공부를 했다. 내 경우 집에 일찍 가기가 뭣하여 남았다. 교문 앞 근처에 자율학습 도중에 틈틈이 가던 작은 라면 가게가 있었다. 그날 오후도 반 친구와 함께 내려가 따끈한 라면을 맛있게 먹은 후 가게를 나오니 오지 않던 비가 내리고 있었다. 우산이 없으니 내 검정 교복 상의를 벗어 친구와 둘이 머리에 쓰고 교실을 향해 걸어오다 선도부 선생님하고 마주쳤다.

다짜고짜 그 선생님에게 멱살 잡혀 교무실 앞 복도로 끌려가 친구와 둘이 뺨을 너덧 차례 맞고 복도에 한 시간 넘게 무릎 꿇고 두 손 들고 벌을 받았던 기억이 아직도 나곤 한다. 비 내리고 어쩌다 라면 생각나는 날에는 특히….

70년대 정부에서 분식을 장려하던 시기였다. 20대에 육군 신병훈련소 시절, 일요일마다 점심으로 라면을 끓여 훈련병에게 제공했다. 그날도 퉁퉁 불어 터진 라면을 군대 식판에 받아 한참 먹고 있는데 바로 옆 소대 훈련병이 군대 식판을 머리에 이고 "라면 한 그릇 먹고 뻗자"를 우렁차게 계속 외치고 있었다. 나중에 자초지종을 들어 보니 그 훈련병이 배식받았던 라면 양이 적다고 불평을 하였다고 했다. 가까이 있던 조교가 그걸 듣고선 불러 세워 "~먹고 뻗자" 구호를 100회 복창시켰다고 했다. 이제는 50년 전 군대 생활과는 너무도 다른 현대화된 시설과 장비에 나름 짜인 영양 식단을 제공하고, 일반병들에게도 적정한 봉급을 매월 지급한다고 하니 격세지감이 든다.

평생직장인 교육공무원직을 자의 반 타의 반 때려치우고 그 누구 하나 안내해 줄 이 없이, 말 그대로 겁 없이 호주 현지에 도착하여 호주인 집에 방을 하나 얻어 해외 자취를 시작했다. 가진 돈이 적어 아르바이트하며 학비에 식생활 해결하려다 보니 이젠 자발적으로 하루 한 끼는 라면이 피할 수 없는 선택이었다. 80년대 호주 멜버른에는 한국 식품점이 없어 중국 식품점에서 가장 싼 라면을 고르니 말레이시아산이었다. 이 라면에 퍽퍽하기만 한 홍콩산 오이 피클을 단무지 대용으로 먹었다. 그에 비하면 한국에서 먹었던 국산 라면 맛은 궁중 음식이나 다름없었다. 근 2년 뒤 한국 식품점이 현지에 생겨 한국산 라면을 먹을 수 있었다. 그 당시에도 한국 라면은 일본, 홍콩, 동남아산 라면보다 종류가 다양하였고 식감도 좋았다. 호주인 친구들에게 간혹 한국 라면을 끓여서 맛보게 하고선 세계에서 가장 맛있는 라면은 한국산이라고 말해주곤 하였다.

파리 한인교회와 연대하여 유럽 내 한국 입양인 선교와 모임 추진 그리고 친부모 찾기 협력 활동을 몇 년간 하면서 당시 몇몇 유럽 한인교회에서 입양인들과 모임을 가졌다. 이날은 현지 한인 목사 사모님께 사전에 부탁을 드려 간식이자 별미로 한국산 라면이 준비되도록 하여 함께 먹기도 했다.

이젠 한국산 라면은 K-푸드를 통해 전 세계로 수출되고 있다. 맛에서는 독특하고 뛰어나며 다양한 종류이기에 해외 각국에서 선호되는 지구인의 인기 있는 인스턴트식품이 되었다.

귀국 후 생활

90년대 후반 귀국은 했으나 마냥 백수로 지낼 수는 없었다. 인천의 모 성인영어학원에서 강사 자리가 있어 영어 회화와 토익을 가르쳤다. 하지만 수강생 숫자도 적고, 학원 운영이 현상 유지가 힘들어 채 1년도 못 되어 학원이 간판을 내렸다. 국내에서 다시금 경제활동을 하기 위해 호주에서 나와 같이 지냈던 후배가 혹시나 귀국했는지 서울 주소로 서신을 보냈다. 얼마 후 답신이 오길 몇 달 전 귀국한 상태라고 연락이 왔다. 만나보니 후배는 국내 유통업에 발을 들여 막 시작한 무렵이라며 함께 키워 보자는 제안을 해왔다.

그 사업을 후배와 함께 2년을 운영하면서 유통 물량도 배로 늘어났다. 그런데 후배가 가족과 여름휴가를 가다가 교통사고로 몰던 차가 전복을 하여 불행하게도 사망했고, 부인은 척추가 크게 손상을 입어 평생 휠체어에 의지를 해야 하는 몸이 되고 말았다. 그나마 다행은 어린 두 아들은 사고 당시 차량 밖으로 튕겨져 나가 심한 부상을 입지 않고 곧 회복이 되어 정상 생활을 할 수 있었다.

후배가 유통 영업을 하면서 쓴 여러 건의 부채 등 뒷정리에만 반년이 걸렸다. 이를 어렵사리 정리를 해가면서 기존 거래와 재정 부문 내막을 들여다보니 너무 얽혀 있었다. 혼자 끌고 가다간 내가 녹아나겠구나 싶었다. '고냐, 스톱이냐?'는 생각 끝에 폐업 신고를 하여 벗어나는 방법이 최선이었다.

그 뒤로 얼마간 쉬다가 과거 청계천 빈민촌에서 목회하고 또 시국사범으로 감옥도 갔다 온 김○○ 목사(뉴라이트 선두 주자)가 대표로 있는 기독교 자선단체인 공동체 본부로 들어가서 부장 역할을 맡았다.

기독교 단체에 들어가 있어 보니 그것도 기존 사회 구성체와 별반 다를 게 없었고, 대표 목사의 유명세에 혹해서 온 신참 목사들, 장로와 신학생들도 많이 만나보게 되었다. 2~3년 지내면서 '기독교가 이러면 안 되는데' 하면서도 기왕 발을 들였으니 좀 더 버티어 보자는 자세로 5년을 넘게 지냈다. 그러나 거기까지가 한계였다. 기독 운동단체의 방향성과 내부적 불화, 알력 그리고 재정 문제까지 보면서 5년을 넘게 봉직했지만 결국 2002년 하반기에 작별을 고하게 되었다.

이 단체에서 나와 몇 달 쉬면서 기독교계와 한국 교회 변화를 위해 내가 할 수 있는 일이 있을 거라고 생각했다. 당시엔 40대 중반이었으니 그럴 만도 했다. 컴퓨터를 자주 접하다 보니 인천의 모 교회 목사가 기독노동조합을 결성한다는 소식을, 인터넷을 통해 알게 되었다. 일단 반가웠다. 전국 단위 기독노조를 설립하는 것이 교회 개혁에 우선 필요한 것이라 여기게 되었다. 인천에 소재하는 그 교회를 찾아가서 목사와 이런저런 의견을 나누고선 합류하기로 했다.

우선 수도권의 교회 부목사, 전도사, 교회 직원, 관리인 등의 부당한 처우나 해고, 임금 문제를 상담하며 현장에서 해결 가능성도 모색했다. 그러던 중 지방 교회 소속원들로부터도 방문과 상담 의뢰가 들어왔다. 부산, 대전 등에 지부 형태로 기독노조를 세워 외연을 넓힐 수 있는 기회였다.

하지만 제동이 걸렸다. 기독노조 측과 중·대형 교회의 갈등이 커지게 된 것이다. 기독노조의 설립이 적법한가에 대한 법적 제소로 1년을 넘게 법원에서 끌고 갔으나 결국 서울중앙지법에서 "교회 내 부목사, 전도사, 집사는 근로자가 아니다"라는 기독노조 설립 불가 판결이 내려졌다. 결과적으로 불법 노조가 되어버려 명분을 잃고 이 활동에서 손을 떼게 되었다.

세상은 변하였다. 5년 전, 부목사들이 주최가 되어 기독노조를 설립했다. 하지만 때가 늦었다. 20년 전에 세워져서 그때부터 배의 밑창에서 물이 새어 올라오는 한국교회호의 침몰을 미리 막았어야만 했다. 지금의 한국 개신교를 바라보면 마음이 무겁고 안타까울 뿐이다. 이런 걸 두고 만시지탄 그리고 사필귀정이라고 하였던가.

교회를 다니면서 안 좋은 기억도

해외에서 귀국하여 인천으로 들어와 살게 되었고, 교회는 다녀야 한다는 생각에는 변함이 없었다. 근 30년 전 당시는 대형 교회들이 교회 버스를 돌려가며 교인들을 모아 관리하던 어쩌면 한국 개신교의 호황기였다. 교인들도 가까운 지역 교회보단 유명세 목사들이 시무하는 큰 교회 다니는 걸 선호했던 시기였다.

나는 그런 생각에서 멀어져 있어 동네에서 걸어서 10분 이내 교회를 선택하여 매 주일 출석을 했다. 교인 수는 성인 기준 한 30여 명 정도였다. 목회자는 환갑이 가까운 6.25 당시 부모님 따라 황해도 해주에서 넘어온 분이었다. 교회 출석 2년 차 정도였을 거다. 당시 부활절 낮 예배 후 저녁에도 교회 행사를 가졌다. 이 행사를 마치고 집에 와 쉬고 있는 밤 중에 친분 있는 교인으로부터 전화가 왔다. ○○ 여집사님 남편이(평소 부인과 어린 자녀 둘만 교회 출석) 전화를 해와 부인이 애들은 두고 저녁에 교회를 갔는데 돌아올 시간이 지나서도 안 오고 있다.

교회 목사께 전화를 했더니 행사 마친 지가 거의 한 시간이 되었다고 했다면서, 전화 말미에 여러 교인에게 연락하여 교회와 여집사님의 집 사이 거리나 골목을 찾아보자고 했다. 혹시나 교통사고 등으로 유기되었을지도 모른다고 하면서…. 전화를 끊고 옷 갈아입고 교회로 가 모여서 의논을 한 후, 교인들이 몇몇 조로 나뉘어서 구역을 정해 이 골목 저 골목을 수색하기로 했다. 길에서 반 시간 남짓 후 다른 조 교인이 우리 쪽으로 달려와선 여집사님을 골목길 봉고차 밑에 누워 있는 걸 발견해 경찰에 우선 신고했다고 했다. 급히 가서 우리 조 교인이 손전등으로 차 밑을 비춰 보았다. 그날 저녁 행사에 한복을 입고 왔었는데 치마가 풀려 있고 하반신이… 머리 쪽에 둔탁한 것으로 맞아서 피를 흘린 자국이…. 우리로선 그 어느 것도 만져서는 안 된다고 합의를 했고, 바로 경찰이 와서 시신을 수습해 갔다.

이 사건 며칠 후 병원에서 장례식이 있었는데 담당 검사가 말하길 성폭행을 당하고 벽돌 같은 것에 머리를 맞아(벽돌에 먼저 타격을 입었을 거라고도) 절명한 것으로 판정이 나왔다고 했다.

어째 이런 일이 다 있나. '하나님을 믿고 열심히 교회 생활하는 교인의 목숨이 다른 원인도 아닌 인면수심의 악마 같은 자에 의한 끔찍한 폭행과 살인으로 인해 죽음을 맞이하다니, 정말 하나님은 계시기나 하는가?' 생각이 들기까지 했다. 장지는 충남 서산 지역이었는데 남편은 너무 슬퍼하였고 연년생인 어린 초등생 자녀 둘은 뭐가 어떻게 되었는지 감을 못 잡고 있는 듯이 보여 더 애잔하게 느껴졌다.

장례 며칠 후 내가 사건 담당 파출소로 가서 담당 경찰에게 "피해자와 같은 교회 교인입니다. 내가 보기엔 이 지역에 있는 놈이 저질렀을 거라고 봅니다. 동네 안에서부터 탐문하여 수사해 보시길 권합니다"라고 했더니 알겠다고 했다.

그러고서 근 한 달 뒤 범인이 잡혔다는 소식을 교회에서 들었다. 범인은 20대로 내 집에서 5분 거리 큰길가 주요소 주유원이었다고. 한복 입고 주유소 앞 횡단보도를 건너던 여집사를 뒤따라가서 악행을 저질렀던 것이다. 범인은 이 사건을 저지르고선 다음날부터 주유소를 나오지 않아서 이를 계기로 결국 피의자로서 수사망에 걸려 체포가 되었던 것이다.

여집사님의 남편은 물론이요 두 자녀는 커가면서 세상 떠난 엄마에 대한 사연을 알게 되었다면 그 심정이 어찌하였을까? 지금은 두 자녀는 장성하여 30대 후반에 가까운 성인이 되었을 텐데…. TV 뉴스나 언론을 통해 이와 유사한 흉악한 범죄 사건을 볼 때마다 나로선 분노가 치밀어 오른다. 제발 세상 태어나 살면서 '사람'이라는 이름에 걸맞은 인생살이를 하는 게 도리가 아닌가 하면서.

이 교회는 운영과 유지가 쉽지가 않았고, 또 건물주가 교체되어 간판을 내리게 될 형편에 놓였다. 이듬해 연초에 목사의 사촌 매제가 목회자로 있는 교회 측으로 병합하게 되었다. 난 교회 측에 적당한 연유를 대고선 발길을 멈추었다. 그리고 몇 달 쉰 뒤에 약간 원거리이지만 새로운 교회에 다니게 되었다.

전쟁이 나면 가장 피해를 보는 게 여성이다. 아이들과 노인층도 물론이지만 여성들이 성적인 신체의 고통과 심적인 피해를 당하는 건 우크라-러시아 전쟁에서 나오는 뒷얘기에서도 알 수가 있다. 어느 논객이 말하기를 전쟁 당사국의 대통령이나 총리 그리고 국방장관 지위에 있는 자들을 최전선 선두에서 총 들고 서 있게 하면 지금과 같이 전쟁 일으킬 자들이 별로 없을 거라고 했다.

국내에서 한인 입양인을 만나 협조를 하다

기독교 노조 결성이 법의 의해 무산이 된 후, 초등생부터 절친이었던 친구의 수차례에 걸친 권유로 중국 청도에 여성용 장신구 공장을 어울려 세우게 되었다. 한때는 현지 공장 근로자 150명에 기숙사까지 있었다. 중국 공장엔 친구가 주선한 중국어를 제법 잘하는 한국인 기술자이자 공장장을 두고 운영을 했다. 친구와 나는 번갈아 오가며 공장 돌아가는 것을 보는 상황이었다. 그러나 3년이 지나니 그간의 문제점이 드러났다. 제조 물품을 한국 시장(주로 남대문 시장)에 납품하여 수익은 났으나 현지 직공 150명 인건비, 기숙사 제공, 예상외 여러 부대비용, 중국 관리들에게 뒷돈 제공 등등으로 실제론 앞으로 남고 뒤로 밑지는 구조였던 것이다. 결국은 내가 먼저 두 손 들고, 그간 들어갔던 투자금을 손절하고 중국 사업은 물론이고 친구하고도 결별하였다.

다시금 야간에는 학원에서 영어 강사로 또는 중간중간 학교에서 6개월이나 1년씩 계약직으로서 미국, 영국, 호주에서 온 원어민 강사와 함께 영어 지도하는 일을 하였다.

내가 경기도에 위치한 영어학원에서 근무하는 시기였는데, 미국에서 온 원어민 강사와 1년을 함께 일한 적이 있다. 그는 한인 입양인이었다. 지금은 그의 이름마저 잊었지만, 아버지는 60년대 한국에서 미군으로 근무 중 어머니를 만나 흑인 모습에 가까운 혼혈로 자신이 태어났으며 서너 살 무렵 미국 가정에 입양이 되어 태평양을 건너는 비행기를 탔다고 했다.

그는 미국에서 나름 유명 대학에서 석사 과정까지 마쳤고, 양부모로부터 물려받을 재산도 어느 정도 된다고 내게 말해주었다. 그는 내게 도움을 청하는 게 있다며, 자신을 낳아준 한국 어머니를 찾도록 중간중간 길 안내를 부탁해 왔다. 그러고선 여러 우여곡절 끝에 공영방송 아침 프로에까지 나가게 되었다. 이를 통해서 자신의 어머니와 한국

내 친척을 찾고 있으니 연락이 오도록 영상을 통해 부탁하였다. 그런 후 그가 다른 영어 교육기관으로 옮겨간 후 얼마 뒤에 내게 전화 오기를, 드디어 어머니를 만나게 되었다고 기뻐하였다. 나 또한 진심으로 축하한다는 화답을 해주었다. 유럽에서 한인 입양인들과 연대하며 함께했었던 일을 귀국해서 다시금 했던 것이다. 그리고 그의 친모를 만날 수 있는 자그마한 계기를 만들어 주었다는 것에 세상은 넓은 것 같지만, 반면 또 좁아서인지 그 같은 인연이 다시금 서로에게 닿았다고 생각하게 되었다.

시민사회 활동과 생활 정치를 하다

내가 국내에 있을 때 선거제도로 인해 대통령 선거에서 투표를 해 본 바가 없었다. 귀국하여 처음 김대중 대통령 출마 시 투표를 하였다. 그 5년 뒤 생활 정치에 관심을 두게 되었고 한 세대를 거쳐온 3김 시대를 뒤로하며 신선하고 지역주의 타파에 바보 노무현의 뚝심과 방향이 좋았다. 해서 '노사모' 온라인 회원 활동과 오프 모임에도 참석하며 나름대로 움직여 마침내 참여정부가 수립이 되어서 한편으론 흐뭇하기도 했다.

대선에서 내세웠던 서민과 시민이 바탕 되는 민생 경제 우선이 대자본가 편으로 기울어져 가고, 대미 종속에서 벗어나겠다는 말도 용두사미 격이 되는 걸 보게 되었다. 이러한 참여정부에 미흡함을 느끼고 2007년 대선에서는 보다 신선하고 덜 정치 때가 묻은 인물을 대통령 후보로 내세워보자는 생각을 가졌다. 그렇게 해서 자수성가에 신사다운 언행의 소유자인 문국현 유한킴벌리 대표를 지지해 보자고 온라인 카페 '문함대'를 먼저 내 단독으로 개설했다.

대선 후보로 나서기 전의 문국현은 1995년부터 유한킴벌리 대표이사 사장이자 킴벌리 클라크 동아시아 총괄사장직 그리고 KT 사외이사직으로 있었다. 훌륭한 기업인으로 한국의 경제를 이끌어 갈 수 있다고들 여겼다. 문 대표는 현직을 모두 사임하고 2007년 8월 2007년 제17대 대통령 선거에 출마 선언을 했다.

그리고 10월에 창조한국당을 창당하고 11월엔 당내 경선에서 단독 예비후보로 나선 뒤 대선 후보로 추대됐고, 지지들은 기대를 했으나 유효 득표에서 5.8%를 득표하여 낙선했다. 하지만 주요 후보들의 소속 정당 및 이름을 가리고 공약으로만 평가하는 블라인드 투표에서는 비록 인터넷 이벤트였을지언정 당당하게 1위를 차지, 정책의 경쟁력이 매우 강한 후보라는 평가를 받았다.

나름 성과가 있었다면 출구 조사 결과 20대에서는 15.9%라는 상당한 득표율로 3위를 기록했다는 점이다. 이명박도 정동영도 불신하는 당시의 20대들에게 문국현이 대안으로 받아들여졌다는 사실을 알 수 있다.

기존 정치권의 대안으로 젊은 층의 지지를 받았던 점에서 훗날의 안철수가 막 정치권에 진입했을 때와 비슷한 이미지를 가지고 있었고, 실제로 안철수는 정치 진입 초창기 때 문국현과 비교되는 경우가 많았다.

카페는 처음 몇 달간은 기껏해야 회원 수가 70명 정도에 지나지 않았으나, 문국현 대표가 대선 출마를 선언하자, 하루 수백 명씩 카페 회원으로 가입을 했다. 두어 달 지나니 회원 수가 2만 명을 훌쩍 넘겼다. 인천에서 우선 나서 보자며 오프 모임을 가졌다. 이어 수도권을 중심으로 오프 모임이 형성되고 가을 무렵에는 전국적인 지지 모임으로 커졌다. 이를 바탕으로 결국엔 대선 전에 창조한국당이 세워지는데 적지 않은 힘을 보태었다.

인천에서는 나와 지지자들이 시당 설립 요건에 필요한 당원가입서를 받느라고 땀깨나 흘렸던 기억이 난다. 당시 내가 사는 동네의 식당, 수퍼, 빵집, 세탁소 등을 돌며 입당 원서를 10여 장 넘게 받았다. 심지어 시장 안 생선 가게 부부에게서도 받았다. 인천 조카 둘에게서도 입당 원서를 받았으나 한 조카는 "삼촌, 그거 해서 돈이 나와요, 밥이 나와요. 당에서 국회의원 한자리 준다고 하던가요?" 하며 핀잔 아닌 핀잔까지 들은 적도 있었다. 지금에 돌아보면 조카들 말도 그렇게 틀리고 잘못된 말은 아닌 것 같다. 특히 이 나라 정치판이 돌아가는 걸 보면 말이다.

하지만 당시 대선과 총선을 치르면서 새로운 정치 인물에 기대했던 우리네 보통 시민들의 바람과는 달리 급조된 당에서 대선 운동에 따른 운영이 미숙했고, 결과론으로 득표율 또한 기대 이하였다. 그 후로 불거져 나온 당내 문 후보 측과 외부에서 합류한 정치인들과의 불협화음도 구태 정치의 재탕으로 비쳤을 뿐이다. 아래에서 위로의 시민정당을 꿈꾸었던 나로서는 허탈하였고, 이에 "창조한국당 문국현 대표와 당직자들 총사퇴를 말한다"라는 서신을 써서 보내어 마지막 손을 흔들어 주고 뒤돌아서고선 후 홀로 독립군이 되었다.

당으로 보냈던 서신을 축약해 보면 다음과 같다.

창조한국당은 기존의 구태 정치판 당들하고 비교하여 차별화되는 게 전혀 없는 당이다. 창당 초기 한 때는 시민정당으로서 새로운 정당으로 자리매김하기를 바랐건만 문 대표 주변의 어설픈 폴리페서들(교수 정치인)과 정치 낭인들이 당에 들락날락하다 보니 지금의 (극)소수 정당, 타 정당에 더부살이하는 정당으로 전락했다.

우리는 언제쯤 선진형 서구 정당들처럼 다수의 당원들이 의견을 내고 정책을 제안하고 소액 당비와 후원금을 모아서 선거를 치르고 장수하는 정당을 가져볼 수 있는가?

지금의 정당은 선거 시기에 닥쳐서 만들어져 법정 정원을 메꾸는 종이 당원으로 무수히 채워져 있고, 금배지 노리는 입후보자들과 몇몇 정치꾼들이 돈을 들고 들어와 당을 만들고, 막대한 정당 보조금을 국고에서 받아쓰는 그네들만이 좌지우지하는 정당이 과연 공당이라 할 수 있는가? 이는 그저 이익집단이고 사설 단체일 뿐이다.

대한민국 아사리 정치판에서 그나마 정당다운, 즉 시민 투사다운 정치를 해보려면 '이게 아니다' 싶으면 모가지에 칼이 들어와도 또 누가 이권 준다고 해도, 돈을 싸 들고 찾아와도 "노!"라고 하면서 배 째라 하고 정면승부로 나아간다면 그래도 유권자로부터 나름의 지지를 얻을 수 있다. 정직하고 양심 있고, 학식과 합리성을 갖고 정치한다? 안 되는 건 아니지만 그리하려면 이 나라에는 주위에 워낙 양아치, 철새, 줄서기, 낡은 정치꾼들이 많다 보니 정치 독립군 대장 격으로 맞서야만 하는 역할이라고 할 수 있을 것이다.

> 문국현 의원님 그렇게 하실 수 있을까? 대선 결과로 웅크리고 머리 싸매고 고민하지 마시고 바로 칼을 빼어 들고 "나 죽기를 각오한 심정이다. 다시금 나를 따르라"고 했다면 지금의 당 모양새는 나오지 않았을 것이다. 정당 형성 초창기 무렵에 도 단위 창당식에 갔더니 나중에 문 대선 후보 주위의 인사들(총선 비례대표 후보들인가?)이었다. 뭐가 대단하다고 평당원이나 지지자들에게 모가지에 힘이나 주고. 나중 들어 보니 문 후보 주위 맴돌며 한 자리 차지하려고 지네들끼리 세력 다툼이나 했다고 한다. 모르긴 몰라도 문 대선후보 당시 막대한 사재를 털어서 집어넣은 눈먼 돈을 뻥 친 장치 낭인들도 있었다고 한다. 대한민국 정당정치 새로이 바꾸고자 했던 여망이 사그라들어 많이 아쉬울 뿐이다.

21세기가 사반세기가 지나는 지금의 한국 정치판, 정당을 보면 그때나 지금이나 도긴개긴이 아닌가 한다. 당명을 거명하여 무엇 하지만 '조국혁신당', 말 그대로 급조된 정당이다. 그리고 얼마 전 당의 여성 대변인의 사퇴 성명 영상을 보면서 한심하다는 생각이 전부였다. 당은 뭐 하려고 만들었는가? 정당 함부로 만들 게 아니라고 본다. 만든 후에 당원이 당의 정체성을 지니고, 또 새로운 정치를 겨냥하도록 교육과 훈련이 필요하다. 선거 출마할 후보자는 말할 것 없고, 당직자 임명이나 사무직 채용에도 인사위원회를 통해 꼼꼼하게 사전 검증이 필요하다고 본다. 더하여 당 윤리위원회 같은 곳에서 정치자금 등 돈 문제를 일으키거나 해당 행위를 하는 당직자는 과감히 회의를 거쳐 제대로 정리를 해야 한다.

우리보다 어쩌면 시민의식이나 민도가 낮은 인도네시아에서도 국회의원에게 지급되던 고액의 수당을 숨겨오다가 드러나자, 결국엔 시민들이 거리에 나서 대규모 시위를 하는 것을 보며 반면교사로 삼아야 한다.

운동초심을 비롯, 인천 시민사회단체에 발을 들이다

정당이 중소기업 움직임만도 못하면 선거에 패하고, 지지에서 밀려서 당 간판마저 내려야 한다는 건 당연지사이다. 인천 지역을 중심으로 맨땅이나 마찬가지에서 창조한국당 시당을 설립하고도 그 결과에 착잡한 심정이었지만 대선 후에도 당분간 '문함대' 카페엔 간혹 의견도 올리곤 했다. 그 무렵 정동근 대표의 '운동초심' 모임을 알게 되었다.

온라인으로 모임에 대해 문의하니 곧 회신이 와서 마음가짐도 새로이 하고자 하여 이종우 대표가 운영하는 '갈매기의 꿈' 식당에서 첫 오프 모임에 참석을 하였다. 그렇게 몇 개월을 지내며 지역에서 노동운동, 민주화운동으로 치열하게 살아온 시민들과 수인사도 하며 알고 지내게 되었다.

2007년 대선 결과는 생활 정치를 생각하여 움직였던 나에게는 크나큰 회한을 남겼다. 이명박 정권의 퇴행과 엇박자는 도저히 묵과하기 힘들었다. 어떻게 저런 사람이 기독교인이며 교회 장로인가 하는 생각마저 들었다. 뒤이은 총선에서 한나라당이 다수당이 되었고, 여의도는 거수 기계가 되어 버렸다. 숫자의 힘으로 우격다짐하는 정치에 회의를 다시금 느꼈다. 이런 정권과 집권당은 시민의 힘으로 교체해야 한다고 다짐을 하며 몇 년만 버텨 보자 했다. 그 시점부터 다음 아고라에 자주 글도 올리고 여타 진보 정치 성향 카페나 홈페이지에 틈틈이 글을 올리곤 하였다.

노무현 대통령이 봉하마을에서 스스로 생을 마감하였다는 급보를 접하고선 나는 아연실색하였고 심적인 충격이 컸었다. 그 후로 노무현 재단에 정기회원으로 가입하고 인천 노사모 모임에 참석도 하면서 여러 차례 봉하마을도 함께 방문하고, 묘소에 참배도 하며 노무현 정신을 기리고자 하였다.

노무현의 친구인 문재인 노무현재단 이사장 재직 시 봉하마을에서 해외 지지자들 일시 귀국하여 3박 4일간 모임이 있었다. 이를 인터넷을 통해 사전에 알고선 프랑스에서 오는 참석 대표자에게 온라인으로 사전 연락하여 참석 의사를 밝혔더니 승낙이 되어 봉하마을에서 합류했다.

첫날에 노 대통령 사저를 단체 방문하여 여사님께 인사드리고 차를 나누었다. 당시 여사님의 얼굴 모습이 아직도 눈에 선하다. 슬픔을 넘어 국민에게 미안하고, 회한에 가득한 그늘진 모습이….

점심시간엔 문재인 이사장도 참석한 가운데 마을 정자에서 서로 간 인사 나누고 다 같이 비빔밥을 나눈 후 의견 개진 시간이 있었다. 나는 차기 대통령 후보로 문 이사장께서 나서 달라는 발언을 했다. 당시 문 이사장은 확실한 답 대신에 이를 비껴가면서 현 정치와 정세를 말했던 것으로 기억한다. 식사 후 부엉이바위를 비롯해 주변 산행을 하면서 문 이사장과 함께 걸으며 개인적으로 차기 대선 후보로 인천에서 문재인 지지 모임이 만들어지고 있으니 유념해 달라고 했다.

그 뒤로 결국 문재인 지지자 모임이 형성되어 온라인에서 시작하여 오프 모임에선 각 시도를 비롯해 전국 단위 지지 모임이 세워졌다. 인천은 물론 수도권에 웬만한 지역의 지지자 모임엔 거의 다 참석했던 열성 지지자 나였다. 문재인 후보는 박근혜 후보와 대선에서 한판 승부를 치렀다. 한데 박정희 딸이 대통령이 되다니… 결과는 너무나 충격이어서 나는 몇 주간을 말 그대로 멘붕 상태로 지냈다.

그리고 몇 년 후 박근혜와 그 수하들의 국정 농단으로 첫 촛불이 시민들의 손에 들린 날, 열 일 제쳐두고 청계천으로 향했다. 늦은 오후 현장에 도착하니 기대 이상으로 많은 시민이 모였다. 이렇다면 이 촛불은 더욱 번지고 커져서 향후 전국적으로 확산이 되겠다는 예상을 했다. 그 같은 예상대로 매주 말 저녁이면 시청 광장, 청계천, 광화문 광장에서 시민들의 "이게 나라냐?" 하는 외침 가운데 촛불집회가 열렸다. 내 기억으론 1월 한창 추웠던 2주 정도 빠지고선 박근혜 탄핵 선고 후 마지막 광화문 촛불집회와 시가행진까지 근 5개월간 참석하고, 결국 탄핵으로 종지부를 찍었다.

그리고 급하게 이루어진 조기 대선의 결과로 문재인 정권이 출범하였다. 문 정권의 지난 5년에 대해선 내 생각과 견해는 여기서 논하지 않도록 한다. 각자 시민들이 평하고 또 말하고 싶은 바가 있으리라 보면서 이를 각인의 시민에게 맡기도록 하는 편이 나으리라고 본다.

그 무렵 정동근 동지의 의견으로 노인들을 위한 노동조합이 필요하다며 서울서 태동 움직임이 있다며 그 회합에 가보자는 의견에 동의했다. 인천에서 나와 정 동지를 비롯해 정세일, 남영신, 강건일 선배 외 여러 명이 영등포에 위치한 공무원노조 사무실로 가서 인천도 동참하기로 의견을 모았다. 그렇게 시작되었던 것이 지금의 노후희망유니온(노동부 허가 정식 노조)이다.

지금껏 노조원으로 십수 년을 지내오고 있다. 하지만 노조가 노인 일자리 관련한 활동이나 복리 증진에 힘을 쏟아야 할 터인데 사회와 정치 운동을 자주 내세우면서 보수정권 타도 등의 깃발을 들고 나서는 경우가 더 많은 점에는 아쉬운 감이 있다.

협동조합을 세워서 운영하다

2019년에서 3년간 민족문제연구소 인천지부장을 맡게 되었는데 코로나 시기 2년을 넘기다 보니 제대로 된 모임이나 행사 그리고 강연회를 열 수도 없는 상황이 많았던 것 같다. 단체 대표로서 보다 활성화된 모습을 보였어야 했는데 이 부분이 아쉬움으로 남는다.

나름 새로이 구상한 게 있어 인천 지부장을 내려놓고 사회와 사람에게 유익을 주는 생소한 길을 개척하고자 했다. 60대 중반에 들어서 먹고 사는 일에 손 놓고 몇 년을 지내다 보니 사람이 기력은 있는데 무위도식하는 듯하여 심적으로나 신체적으로나 별로 좋은 게 아니었다. 마침 문재인 정부가 들어서고 막혔던 남북 관계가 복원되고, 문 대통령이 평양에 가서 북한 인민들 앞에서 원대한 포부를 일장 연설을 한 계기로 남북 교류가 과거완 다르게 활성화될 거라고 판단하였다.

이에 고무되어 주위의 지역 후배들과 접촉, 의논하여 남북 교류에 대비하고 인천과 가까운 개성, 해주를 중심으로 물적 교류(두 도시에서 북한산 물품 들여와 인천을 중심으로 국내에서 유통)를 통해 그 결과물을 모아서 이를 개성, 해주 지역의 청소년들을 지원하는 것(의약품과 영양제, 생리대, 체육용품 등)을 목적으로 하는 자활 단체를 협동조합 형태로 설립하여 출범하게 이르렀다. 근 반년을 준비하여 2020년 여름에 조합을 세워 출범하였다. 조합 설립 의사를 처음 개진하였던 내 생각에는 단군의 홍익인간 이념을 뜻있는 시민들이 협력하여 현시대에 다시금 펼쳐 보자는 의지가 담겨 있다.

평화누리협동조합 설립 취지와 목적

19세기 말 무렵부터 한반도의 많은 사람들이 만주로 이주하였고, 20세기 초부터는 일본제국의 식민지가 되자 역시 많은 사람들이 러시아 연해주로 이주하게 되었습니다. 일본이 항복한 1945년까지 많은 한국인들이 사할린 탄광으로 그리고 동남아 전쟁 지역 노무자로 강제 징집되어 이주케 되었습니다. 이러한 한국인 유민들과 그 후손의 수가 근 300만에 이른다고 합니다(2020년 기준).

저희 협동조합은 러시아, 중앙아시아, 일본, 멕시코, 쿠바 등에 흩어져 있는 한국인 유민 후손과 함께 손잡고 현지 협동조합을 설립하도록 하여 상호 간 상품 교역, 인적 및 문화 교류를 통해 그들의

> 생활을 향상시키고 한국인의 뿌리를 알도록 협조하려고 합니다.
> 　나아가서는 6.25 전쟁 시 한국을 도와 참전한 각 국가에는 참전용사회가 있습니다. 이분들과도 손잡고 상호 협조를 통해 한반도의 평화유지와 통일로 가는 길을 닦으면서 북한의 청소년을 육성하기 위한 인도적 지원에도 힘을 다하도록 하는 것이 저희 조합의 설립 취지 및 활동 목적입니다.

　기대했던 남북 교류. 그러나 달이 가고 해가 갈수록 남북은 물론 북미 관계도 뒤틀려 결국 모든 게 막히게 되었다. 그런 연유로 조합은 방향을 틀어 연해주 고려인들과 교역을 통해 협동조합 자활을 구상하게 되었는데, 이 무렵 코로나 발생으로 국내외 모든 오가는 길이 막히고, 설상가상으로 코로나가 풀릴 무렵엔 난데없는 러·우크라이나 전쟁이 발발했다. 나는 이 전쟁이 길어야 몇 달 안 가서 끝날 거라고 했으나 어언 3년이 훌쩍 넘었다. 전쟁 발발 무렵부터 인천에서 출발하여 연해주 오가는 직항 항공노선이 지금까지도 중단되어 있다. 아마도 양국 간 전쟁으로 인해 항공기 피랍, 인질극이나 테러를 우려하여 한국은 물론 러시아 측에서도 항공노선을 단절시켰을 거라는 짐작을 해 본다.

　조합을 꾸려가려면 최소한의 운영 경비는 있어야 한다. 하지만 출범 후 2년 지나니 그걸 메꾸어 가기가 어렵게 되었다. 여러 생각을 하다가 칠순이 되던 재작년 여름, 나는 생애 처음으로 경비직에 발을 들였다. 부천의 한 오피스텔에서 1년 반 동안 근무했는데, 그 계기는 협동조합 운영, 특히 재정적 어려움 때문이었다. 조합 운영 책임을 지고 있던 나는 직접 경제활동을 통해 운영 자금을 보태기로 하고, 하루 일하고 하루 쉬면서 조합 일도 볼 수 있는 경비직을 택했다.

2022년 여름, 부평 경비원 연합 단체에서 3일간의 경비원 교육을 마치고 수료증을 받았다. 이후 곧바로 직업소개소를 거쳐 해당 건물 관리소장으로부터 면접을 보고 통과되었다.

1주 후인 8월 1일, 첫 출근을 하던 날은 긴장으로 가득했다. 약 150세대가 거주하는 건물에 경비원은 2명이 교대로 24시간 근무했고, 지하 3층의 기계실 기사 역시 2명이 교대 근무, 주간에는 여성 미화원 3명이 함께 건물을 유지해 갔다. 경비의 주요 업무는 분리수거 정리, 택배 보관, 차량 관리 그리고 주말과 야간의 각종 민원 전화 응대였다.

나와 함께 근무하게 된 현장의 1년 고참 김 반장은 공항과 아파트에서 20년 가까이 경비 일을 해 온 베테랑이었고, 지하 기계실에서 근무하는 기술 기사는 5년 차였다. 동료들과 함께 지내며 직업의 의미를 새롭게 느꼈다. 취업 전 경비원 교육 강사는 "경비직은 결코 낮은 직업이 아니라 사회에 꼭 필요한 일"이라 강조했는데, 실제로 팔순을 넘긴 분이 주변 건물에서 오랫동안 성실히 경비 일하는 모습도 볼 수가 있었다.

다만 근무 초반에는 특이한 경험도 있었다. 나와 교대 조인 김 반장이 경비실 내부 벽면 가득 매직으로 써놓은 글귀와 전화번호, 열쇠 비번 등등의 숫자들이 낯설고 불편했지만(정신적으로 문제가 있다고 여김), 기계실 기사 선배의 조언처럼 조심스럽게 지혜를 발휘하며 상대하면서 업무를 이어갔다. 돌이켜보면 칠순의 경비 생활은 새로운 도전이자, 나 자신을 단련하고 사회와 다시 연결해 준 소중한 시간이었다.

경비직 근무를 시작한 지 한 달 만에 교대 조 김 반장과 갈등이 터졌다. 관리소장이 경비실에 맡긴 물품 인수 문제로 사소한 오해가 생겼는데, 김 반장은 아침 교대 시간에 와서는 소리 높이며 인수인계를 문서로 남기자고 했다. 이후 그는 분리수거와 청소 일을 내게 떠넘기는 일이 잦아졌다. 맞대응하기보다는 참고 넘어갔지만, 그와의 관계는 점점 냉각되었다.

연말에는 5년 근무한 지하 기계실 기사가 나가고, 연초에 정 기사가 새로 부임했다. 그러나 정 기사와 교대 조인 기계실의 최고참인 박 기사 간에도 갈등이 심해져 서로 간 욕설에 몸 부딪침이 일어나 결국 경찰서까지 불려 가는 사태로 번졌다. 겨우 서로 화해하는 형태를 취했지만 앙금은 그대로였다. 나 또한 김 반장과 충돌을 피하려 했으나 근무 1년이 지난 여름 무렵에는 쓰레기 처리 문제로 억울하게 나무람을 듣고 도저히 더 이상 참을 수가 없어 큰소리까지 오가며 완전히 관계가 끊겼다.

스트레스는 건강을 해쳤다. 체중이 7kg 넘게 빠지고 혈변 증상까지 나타나 병원에서 과민성대장증후군 진단을 받았다. 음식 조절과 치료가 필요했고, 반년이 넘는 고생 끝에 조금씩 회복할 수 있었다.

경비 업무는 단순히 경비실에 앉아 있는 것이 아니었다. 낙엽과 눈을 치우고, 입주민 민원을 받고, 늘 바쁘게 움직여야 했다. 그럼에도 1년 반 만에 관리소장으로부터 계약 만료 통보를 받았다. 나와 1년차, 정 기사 그리고 일부 미화원은 물러나야 했고, 나와 대척이었던 김 반장과 정 기사와 대척이었던 박 기사는 남았다. 신참 둘이 밀려나는 상황에 억울함도 있었지만, 나는 이미 몸도 약해지고 마음도 떠나 더

미련을 두지 않았다.

퇴직하며 관리실 경리 직원으로부터 "좋은 경험 했다고 생각하고 건강을 챙기라"는 말을 들었다. 김재용 변호사는 경비직 갈등이 법적 분쟁으로까지 이어지는 사례가 자주 있다고 했다. 육순, 칠순 되신 이들이 현장에서 서로의 소소한 다툼으로 인한 해결책을 법적으로 찾는다고 했다. 나 역시 현장에서 그 한 단면을 직접 겪었던 셈이었다.

비록 최저임금에도 못 미치는 보수였지만, 그중 상당 부분을 협동조합 운영비로 충당할 수 있었던 것은 다행이었다. 몸은 고단했지만, 그 경험은 내 인생에서 또 하나의 귀한 단련이 되었다.

일상으로 돌아와서

70년대 박통 시절에 충효 교육이 있었다. 효자는 부모를 먼저 생각하고, 충신은 나라의 어려움을 앞서 염려하는 것이라 했다.

둘째 누님은 2년 전 90세로 돌아가셨다. 누님은 아들 넷에 딸 하나를 두었는데 장남은 서른에 결혼 후 첫딸 백일 무렵 심장마비로 돌연사했고, 그 뒤 셋째 아들은 암으로 처자식을 두고 세상을 떠났다. 누님의 막내아들은 사업 실패 후 부인과 두 자녀를 두고 잠적해 지금까지 나타나지 않고 있다. 수년 전 매형이 90세로 별세했을 때도 막내는 오지 않아 누님은 큰 슬픔을 겪었다. 유산 분배 과정에서도 막내의 도장이 없어 변호사 조력을 얻는 등 어려움이 많았다. 결국 누님이 세상을 떠났는데도 막내 조카 녀석은 나타나질 않았다.

옛 어른들이 "무자식 상팔자"니 "가지 많은 나무에 바람 잘 날 없다"라고 했던 말들이 새삼 떠오르게 만든다.

내게는 세 누님 쪽으로 조카 4명이 먼저 세상을 떴다. 또 큰형님 쪽에선 집안 장손인 큰조카가 처와 어린 아들, 딸을 두고선 3년 전 40대 초반에 돌연 세상을 떠났다.

세상 태어나는 건 순서가 있지만 떠날 때는 순서가 없다는 말이 지나가는 말이 아닌 것 같다고 여기게 되었다.

고령화 시대의 한국은 이제 자식에게 효도를 기대하기 어려운 사회가 되었다. 부모를 학대하는 기사조차 보인다. 노인의 죽음은 쓸쓸해지고, 1인 가구는 인구의 32%를 차지한다. 부양비는 급격히 늘어 2056년에는 생산가능인구 100명당 노인 100명을 돌볼 상황에 이른다고 한다.

나도 칠순을 넘겼다. 사회생활을 접고 지내다 코로나 시기를 거쳤다. 다시 일을 찾아 경비원으로 일을 했던 것이다. 주위에 기대기보다 건강한 노후와 자존감을 위해 제2의 인생을 설계하려고 나섰던 것이다.

MZ세대에게 전하고 싶다. 소크라테스의 말처럼 "너희 자식들이 해주기를 바라는 것처럼 네 부모에게 행동하라."

한국은 이미 고령사회, 곧 초고령사회로 들어선다. 돈이나 권력도 노년의 고독을 막지는 못한다. 중요한 것은 스스로 생활 습관을 바로잡고, 운동하며, 이웃과 사회에 기여하는 삶이다.

국가 행복 순위는 59위에 머물지만, 나는 스스로 노력해 내 삶만큼은 10위 안에 드는 행복을 누리고자 한다. 언젠가 올 마지막 순간이 와도 후회 없도록 말이다.

아버지 기일에 고향을 방문하다

아버지 기일에 고향 사천을 찾았다. 참으로 오랜만에 진주역에 내려 부산 조카 부부와 합류해 사천으로 향했다. 마지막으로 고향에 다녀온 것은 20여 년 전 노무현 대통령 취임 무렵이니, 세월이 참 많이 흘렀다.

70년대 진주는 인구 10만 남짓한 지방 도시였으나 지금은 36만의 신도시가 되었고, 사천도 항공 산업과 우주항공청 유치로 새로운 면모를 갖추었다. 시청 앞에서 팔순의 육촌 형님을 만나 종중 묘역을 찾았다. 묘역에는 20기 넘는 묘소가 한데 모셔져 있었다. 향을 피우고 절을 올리며 부모님과 조상들께 인사를 드렸다. 우리 가문은 임진왜란 당시 이순신 장군 휘하에서 활약했던 중시조로부터 내려왔다. 중시조 장군은 이순신 휘하 수군 훈련판관(지금의 해군사관학교장)이었다. 이순신 장군이 원균에게 몰려 한양으로 압송될 무렵 중시조께서 그러한 정치 바닥에 크게 회의를 느껴 군복을 벗어 던지고 벼슬을 버리고 사천으로 피해 들어와 정착했다. 이때부터 지역 백성에게 글을 가르치면서 농사를 지었다는 이야기는 어린 시절부터 들었다.

중시조 모시는 집안 어른댁에 가면 임진왜란 당시 입었던 갑옷, 허리에 찼던 칼이 담긴 나무 상자가 있다. 어릴 적 아버지 따라가서 본 기억이 있다. 상자 뚜껑을 열면서 문중 어른께서 눈으로만 보고 만지지 말라고 하셨다. 유품이 너무 오래되어 혹 만지면 훼손이 될까 보아 사전에 조심을 요구한 것이었다.

종중 묘소에서 제를 마치고 삼천포항에서 장어구이를 먹으며 친척들과 옛이야기를 나누었다. 이후 육촌 형님 댁에 들렀다가, 사천읍으로 가서 고등학교 동창을 만났다. 그곳 중학교를 수석으로 졸업하고 서울의 우리 고등학교에 유학을 왔던 친구였다. 졸업 후 경기도에서 거주하다가 환갑을 넘기면서 사천으로 홀로 낙향해 농사를 짓고 있었다. 몇 해 전 뇌졸중으로 쓰러져 석 달간 진주병원에 입원 요양을 하여 건강은 예전 같지가 않았다. 그 친구의 굳센 의지로 그나마 회복해 고향에서 살아가고 있었다. 우리는 냉면집과 카페를 돌며 지나온 세월과 건강한 삶에 대해 이야기를 나누었다.

인천으로 돌아오는 길인 기차 안에서 긴 여정의 피곤함을 느꼈지만, 조상과 친척, 오랜 친구와의 만남으로 얻은 울림이 컸다. 무엇보다 건강이 삶에 있어서 대단히 중요함을 새삼 깨달았다. 하루 동안의 여비와 경비가 제법 들었으나 마음은 오히려 가벼웠다. 해야 할 일을 했다는 뿌듯함이 남았기 때문이다.

조합 운영이 활성화되길 바라며

행여 일자리가 있는가 알아보면서, 부천 경비직을 뒤로하고 집과 조합 사무실을 오가면서 나름 수필을 쓰면서 반년을 지내게 되었다. 어느 날 사회 후배와 만나서 이런저런 얘기를 나누다가 단기 노인 일자리가 있는데 혹시 할 의향이 있는가 물어왔다. 하는 일은 주중 오전 서너 시간 씨제이 택배 분류 일이었다. 근무 장소는 연안부두 조금 못 가서였다. 컨베어벨트 위를 지나가는 택배 물품을 아파트 단지

나 동별로 분류하여 쌓아놓는 일이었다. 이렇게 정리해 놓으면 기사들이 와서 실어 가는 시스템이었다. 힘들었지만 만 4개월 일하고 연말에 종료하였다. 막노동에 가까운 일이었고, 함께 일하는 노인들도 그간 사회생활을 어떻게 해왔는지 이해가 안 될 정도로 성품들이 특이해서 마음고생도 했다.

금년 들어서는 부평구청 산하 노인인력개발센터에서 주관하는 시니어 일을 신청하였다. 서류 전형과 면접을 거쳐 연초부터 관내 작은 도서관에서 주중 오후 서너 시간씩 10개월 계약하에 도서관 도우미 일을 하고 있다. 이 일을 통해 매월 나오는 보수로 조합 운영에 보탬이 되고 있어 감사한 마음이 클 따름이다.

조합을 시작하고 선 제대로 운영을 못 하다가 구상해 낸 게 문화사업인 출판업이었다. 작년 가을 부평구청에 평화누리협동조합 명으로 출판사 등록을 하고 첫 책을 출간하였다. 저자는 나 강태욱의 수필(산문집) 『이것저것 내 맘대로 쓴 글』이었다. 지난해 초부터 연말까지 1년간 틈틈이 쓴 글을 한 권에 모은 것이다. 시중 대형 서점 유통망 구조를 알아보고, 출판계가 어떻게 돌아 가나도 탐색해 보려는 사전 시험적 출간이라고 보면 된다.

내가 조합을 통해 첫 책을 내기 전에 2012년도 출간된 서적으로 그간 살아온 길을 쓴 『운동초심이야기』라는 책이다.

이 책은 당시 모임의 회원들 6명이 각자의 살아온 여정을 써서 한 권의 책으로 내자는 정동근 대표의 의견에서 시작하였다. 내 기억으로는 근 반년을 이 책의 완성과 출판을 위해서 월 1회 모임이 2회, 3회로도 늘어났던 기억이 있다.

글쓴이로는 정동근, 윤경세, 이화규, 우경태, 황재철, 강태욱이었다. 초판 1천 부를 발행하여 인천에서 출판기념회를 가졌고, 이어 서점으로 판매도 되었다. 그 후 의뢰한 출판사에서 1천 부를 더 찍어 시중 서점을 통해 유통시켰다는 얘기를 정 대표를 통해 들었다.

조합에서 내 수필집으로 첫 출간 하기 꼭 2년 전에 별스러운 책 한 권을 단독으로 집필하여 사비를 들여 200부 정도를 기존 출판사를 통해 만들었다. 이를 주위에 소개하면서 판매도 하고 또 간간이 증정도 하였다. 책을 쓰게 된 동기는 22년도 코로나가 한창인 시기에 실내에 앉아 인터넷 검색하다가 알게 된 것으로부터이다. 각 기업체나 단체, 협회 그리고 공공기관에서 시민 글 공모가 있다. 물론 입선작 시민에겐 등급별로 최고 2~3백만 원에서 최하 10만 원 정도로 상금이나 상품권을 주는 게 통례이다. '노느니 무엇 해'는 생각으로 주최 측이 제시하는 주제에 맞게 산문, 감상문, 여행기, 논평, 슬로건, 5행시나 6행시 등등을 응모했다.

그해 봄에 대기업인 모 식품회사에서 음식에 관한 산문을 공모했는데 최우수작 상금이 300만 원이었다. 입선만 해도 몇십만 원이 아닌가 하는 단순한 생각으로 2주 넘게 글을 써 응모하였으나 탈락. 그 후 다른 단체, 기관에서도 시민 글 공모가 있어 응모하였으나 탈락. 그러던 중 여름이 다되어 모 역사 단체에서 시민 논평 응모가 있어 글을 보냈더니 입선하여 상금 30만 원을 수령하게 되었다.

그 후로도 매달 두서너 번씩 글을 응모하여 입선 후 기십만 원의 소액 상금이나 상품권을 받게 되었다. 물론 탈락한 글이 훨씬 많았다. 여름 지나 글 응모에 하차를 하려다가 기왕 해 온 김에 계속해 보자고 갔더니 연말까지 이르게 되었다. 근 1년 가까이 응모한 글을 모으니 책 한 권 분량에 가까웠다. 시간 들여 또 에너지 소모하며 쓴 글인데 하면서 이를 응모한 날짜 순서로 아무런 수정 없이 그대로 책으로 펴내기로 작정했다.

없는 돈에 경비직 몇 달 보수를 들여 사비로 출간했다. 책 제목을 무엇으로 하는가 궁리 끝에 대다수 탈락한 글들이니 "나가리된 내 글"이라는 제목이 떠올라 이로 정했다. 화투 치면서 나가리란 말을 사용하다 보니 다들 일본어인 줄 아는데 우리말이다. 의미는 '무효가 되다', '제외로 되다'이다.

『나가리된 내 글』 책에서 가져온 한 편의 글 소개한다.

병든 지구 치료에 시민이 나서야

미국에서 온 방송인, 책의 저자 타일러 라쉬는 비정상회담이란 방송을 통해 처음 알게 되었는데 지구 환경과 생태계 관련 운동에 앞장서고 본인의 저서까지 발간하였다 하여 조금은 의외라는 느낌을 받았으나 책을 다 읽은 후 공감하게 되었다.

지구 나이는 45억 년, 하지만 인류가 두 발을 디디고 살아온 시간은 고작 20만 년 정도이고 농업이 시작된 건 1만 년 전쯤이다. 200여 년 전 산업혁명의 시작과 더불어 지구의 자원이 소모되고 늘어나는 인구로 환경 오염에 생물 다양성 소멸과 인류가 촉발한 대규모 멸종이 진행 중이다. 우리 인간 역시 멸종되지 않기 위해 애써야 하는 날이

어쩌면 급작스럽게 온 오늘을 살고 있다.

　저자는 당면한 지구와 인류의 문제를 거시적 관점보단 각 개인이 지역사회가 위기를 생각하고, 대처하는 활동을 통해 지구별에서 영속적인 삶을 영위하자고 한다. 우리는 일상생활 중에 수돗물은 전기는 또 커피 원두는 어디에서 어떻게 만들어져 왔는가에 관심을 안 가지고 그냥 소비만 할 뿐이라고 했다. 세계 커피 소비 상위권에 속하는 한국. 저개발 국가에서 자본가들이 지구의 허파 역할을 하는 숲을 제거하고 개간하여 그곳에 커피 묘목을 재배, 수확하여 오로지 돈을 위해 세계로 내보는 것을 알면 커피 한 잔에 작은 지구가 담겨 있다고 하면 너무 지나친 생각일까. 또 의류 산업이 지구의 수질오염 20%, 바다 미세플라스틱의 20~35%, 온실가스 배출량의 최소 6% 이상 차지한다고 한다.

　청바지 한 장 만드는데 물 7,000 l 에 다량의 화학 약품이 사용된다고 하니 매 철마다 유행하는 옷을 구입해 입는 소비문화도 다시금 생각해야 한다.

　1970년대 초반엔 인류는 지구가 제공하는 물, 지하자원 및 식량자원 등의 생태 용량을 초과하지 않았다. 2000년에는 이를 10월에 다 소진해 버려 부족한 두어 달 분을 미래에서 사용할 양까지 당겨쓴 경우나 마찬가지였고 2020년 지구 생태 용량 초과의 날은 8월 22일이었다 하니 지구적 경각심과 대처 방안 강구를 해야 한다.

　이 같은 과잉 소비로 인해 발생하는 생태계 파괴를 지금처럼 방치해두면 종국엔 지구 평균 온도가 6도까지 올라가 생물 중 95%가 사라지게 된다고 한다.

그리고 전 세계 온실가스 배출량을 2010년 수준에서 45% 감량해야 기후 붕괴 마지노선인 2050년까지 1.5도 상승을 겨우 막을 수 있다고 한다. 그러나 이마저도 기후변화정부간협의체(IPCC) 최근 보고서에서 그 선을 2040년으로 앞당겼다고 하니 정신 차리지 않으면 지구촌이 큰 재앙을 맞이할 거라고 본다.

국내에서 일어나는 기후변화로 뜨거운 바다가 역습하여 가을이면 집 나간 며느리도 돌아온다는 전어가 사라졌는지 잡히질 않아 '금 전어'가 되었다고 전남 어민들의 한숨에 이어 해수면 온도가 빠르게 상승하면서 아열대 바다로 변해가는 제주 앞바다의 미역과 감태 등 해조류 생태계가 망가졌다며 해녀분들이 "바다가 다 죽었다"는 탄식을 한다고 한다. 그리고 며칠 전 미 플로리다엔 시속 250km의 초강력 허리케인 '이언'이 덮쳐 500년 만에 한 번 올 홍수 피해에 사망자만 70명이 넘는다는 뉴스 보도가 있었다.

지구의 기후 위기와 생태계 파괴를 정치인들이 과학자들이 나서 막을 수 있을까 의문을 가진다. 우리 속담에 "믿는 도끼에 발등 찍힌다"라는 말이 있다. 늦었지만 지금이라도 각 개인이 깨어 의식 있는 실천을 해야 하고 시민들은 분노하는 자세로 앞으로 다가올 암울한 미래와 재앙을 막기 위해 행동에 나서는 거도 마다하지 않아야 한다.

2019년 미 트럼프 대통령은 파리기후협약 탈퇴를 선언했다. 어느 나라보다도 앞장서 기후 위기를 대처하는 국제적 리더 국가가 되어야 할 미국인데도 말이다. 스웨덴의 기후 운동가 그레타 툰베리는

"우리들 집(지구)에 불이 났으니 모두 불 끄는 행동을 해야 한다"면서 10대 시절에 기후 위기 대처 운동을 하면서 특히 정치하는 어른들에게 "우리가 살아야 할 수십 년 후 지구를 과연 생각이나 하는가?" 묻고는 하였다. 이제 내 나이 칠순. 지금의 유치원생, 초등학생들을 길에 서고 동네에서 보게 되면 이 아이들이 어른이 되어 한창 살아가야 할 21세기 후반의 지구 생태와 환경을 생각하면 마음이 아프고 또 무거울 뿐이다.

지금도 우리나라와 세계에선 지구를 더럽히고 파괴까지 하는 현상이 일어나고 있다. 매년 1톤 트럭 100대분인 조화 쓰레기로 국립대전현충원이 몸살을 앓고 있으며 이런 환경 오염 배출물에 우려가 크다고 한다. 또 코로나로 한국에서만 매일 2천만 장의 마스크가 사용 후 버려진다. 또 플라스틱은 썩는데 최소 500년 이상 걸린다. 재활용에도 한계가 있다. 몇 년 전 미 국립과학공학원이 한국민 1인당 플라스틱 배출량은 연 88kg에 달한다고 했다. 미국, 영국에 이어 세 번째로 많다고 했다. 세계의 특히 부국의 시민들이 먼저 가정에서 플라스틱 사용을 크게 줄이고, 함부로 버리지 않는 일상생활로 근본적인 발생을 줄여야 하겠다.

북태평양 한류로 인해 태평양 한가운데 한반도 면적 10배가 훌쩍 넘는 거대한 플라스틱 섬이 있다고 한다. 전 세계 바다에 1km²당 약 3만 2천 장의 플라스틱이 떠다니고 있다. 그렇다면 이러한 플라스틱을 제거하는 무슨 방법은 없을까 하는 생각을 해보았다. 조선 강국 한국을 비롯하여 세계 10대 부국의 거대 기업들이 나서서 수만t급해양 정화용 선박을 여러 척 건조한 후 이 같은 쓰레기 지역에 보내어 현장에서 플라스틱을 수거 후 분해는 물론 재생까지도 한다면 이 어마어마한 해양 쓰레기를 얼마라도 줄일 수 있을 거 같다.

세계 부자 1위 일론 머스크는 화성에 인류를 보내어 거주하는 사업에 큰 관심을 두고 있다. 하지만 화성을 향한 천문학적 개발비와 운용 비용 대신 기후 위기에 대처하고 지구를 살리는 데 그 같은 비용을 우선으로 쓰는 게 더 합리적이라고 본다. 은하계라는 우주 바다에서만 보더라도 현재로선 생명체가 살아갈 수 있는 유일한 섬인 지구부터 가꾸어 살리는 게 더 타당한 일이라 할 수 있다.

하지만 기업들 자체가 환경·사회·지배구조(ESG)라도 중시하여 실천하거나 재생 에너지 100% 사용 계획(RE100)에 과연 진정성이 있을까, 또 실행에 옮길까 하는 의구심이 든다. 그간의 자본가와 거대 기업들로 인한 학습효과로.

지난 9월 24일 광화문과 시청 일대에 전국 360여 개 단체와 3년 전보다 5배 많은 3만여 명이 모여 "적게 소비하고 적게 욕망하면서 행복을 느끼는 삶으로 전환하자!"는 기치 아래 '기후정의행진'이란 큰 행사가 있었다. 이제라도 정부, 기업을 믿고 기대하지 말고 시민이 후세대를 생각하며 직접 나서야 한다.

만약 우주를 창조한 조물주가 있어 지구가 지금의 암울한 모양으로 된 게 누구 때문이냐고 물어본다면 "그건 너, 바로 너희들 때문이야!"라는 답이 돌아올 게 분명하다.

2022년 우수환경도서 독후감 공모대회에 응모해 탈락한 글

조합의 두 번째 서적은 『대한 일본인 소다 가이치』라는 제목의 실화 인물 소설이다. 부천 거주 기존 소설가에게 집필을 의뢰하여 근 1년 만에 탈고하여 지난 5월에 출간하였다. 이 소설 구성을 위해 작가는 자료 조사차 일본, 대만, 홍콩을 방문하였다. 이에 필요한 경비는 조합에서 지원했다. 본 소설을 시중 서점에 진열하여 유통은 하고 있으나 판매는 부진하다. 그 원인 중 하나가 윤과 그 일당이 12.3 내란을 일으키니 온 국민이 이보다 더 재미있는 실화가 있는가. "어떻게 다큐가 전개되는가" 하며 TV 화면 앞에서 수개월을 보내니 누가 책을 사보겠다고 하겠는가? 단지 노벨문학상의 한강 작가 책만 반짝 날개를 달았다. 또 반년간 내란으로 인한 경기 불황으로 출판계와 영화계가 많은 어려움을 겪고 있다.

조합에서 세 번째 책은 본인이 올 연초부터 반년간 여러 참고 문헌과 자료를 보아가며 저술한 『코리안 디아스포라』라는 인문 역사서이다. 중국 조선족, 러시아 중앙아시아 고려인, 재일 조선인, 하와이 한인, 멕시코 쿠바 한인, 남양군도 한인, 독일 광부 간호사, 해외 한인 입양인. 모두 8개 부분으로 나누어 핵심적 내용을 한 권의 책에 담았다. 출간을 9월 하순으로 잡고 있다. 세 번째 책만큼은 독자들에게 나름 많이 전해졌으면 하는 바람이 크다.

자서전을 쓴다는 건 자신을 외부에 속된 말로 밑천을 다 드러내야 하는 글이다. 그렇지 않고 선별하여 괜찮은 과거지사만 나열한다면 그 또한 소설이나 무엇이 다른가 하는 게 내 평소 생각이다. 해서 지난봄에 글쓰기 제안을 받았을 때 내심으로 차라리 수필이나 산문을 쓰도록 해주었으면 했다. 나도 사람인지라 미주알고주알 다 드러내야 하는가? 내가 그간 무얼 대단하게 살았다고 자서전까지 써야 하는가 하는 생각도 했었다. 하지만 쓰기로 작정하고 써보니 한 편으론 나름 후련한 감도 드는 걸 숨길 수가 없다.

칠순을 넘겨서도 세상이 좋게 변하기를 바라는 움직임으로 가보자고는 하나 마음만 앞서서인지, 사상적 무장이 덜 되어서인지, 아니면 역량이 부족한지 아직은 먹을 만한 열매를 못 맺고 있다는 아쉬움이 드는 게 요즈음이다.

3천 년 전에 살았던 나와 종씨인 강태공은 공부를 대단히 좋아했던 모양이다. 70세까지 관직에는 나가지 못하고 공부만 했다고 한다. 이에 부인은 계속 뒷바라지하다 속이 터져 생활고를 견디지 못하고 가출하였고, 식량이 떨어진 그는 집 근처 위수 강변에서 낚시를 했다.

이때 휘어있지 않은 곧은 낚싯바늘로 낚시를 하고 있었다고 하며 강태공이 사실 "물고기를 낚는 것이 아니라, 때를 기다리며 세월을 낚고 있었던 것이다"라는 이야기가 전해 내려온다. 결국은 지금 시대 나이로 대비하면 구순이 되어 재상의 자리에 올랐던 것이다.

나 역시 여기까지 왔는데 포기하지 말고 "내일은 해가 뜬다"라는 말이 있듯이 좋아질 앞날을 보고 뚜벅뚜벅 걸어가기로 하면서 심신을 다잡고 있다.

이 사회에 홍익인간 정신을 구현하여 자그마한 보탬이 되어보려고는 하나….

강태욱 연표

1953년   경남 사천에서 출생
1962년   서울에서 초, 중, 고등학교 졸업
1977년   경남에서 사범계 대학 졸업 후 교직(경력 12년)
1988년   경남·부산 전교조 설립 활동
1989년   호주에서 기독교 대학 3년 수학
1992년   프랑스 기점 유럽 등지에서 개인 활동
1996년   귀국 후 인천 거주
1997년   성인 영어학원 강사
1998년   기독교 공동체 본부장
2002년   인천 기점 기독노조 설립 활동
2003년   중국 산동성 청도에 공장 공동 설립
2018년   민족문제연구소 인천지부장
2021년   평화누리협동조합 이사장